財産別
相続税対策メニュー

―長期・短期・相続後の対策―

著　山本　和義（税理士）

新日本法規

は し が き

相続税対策には、即効性が期待される対策と、ある程度の期間を経過してはじめて相続税対策の効果を上げるものが存在します。さらに、相続後に実行できる相続税対策も少なくありません。

また、相続税対策には多額のコストや大きなリスクの伴うもの、相続税対策の効果が相続人全員に等しく及ぶもの、特定の相続人にだけ相続税対策の効果が生じるもの、全体をみれば相続税対策の効果が期待できるが､特定の相続人にとっては逆効果となるものまで様々です。

これらの相続税対策には、相続人ごとにそれぞれメリットとデメリットが混在しており、相談者の所有する財産や相続人等の状況に応じて、相続税対策の効果の発生時期を見極め、最適な対策を選択・提案することは専門家でも容易でないと考えます。

そこで、本書は、不動産、有価証券、現金・預貯金及びその他の財産ごとに、相続税対策の効果や、その効果を得るために必要な期間別に「長期」「短期」及び「相続後」に区分して、検討・選択可能な相続税対策のメニューを提示し、税理士の相談対応をサポートすることを主目的として、著者のつたない経験を赤裸々に開陳し執筆しました。

紙面の制約上、解説の内容が不十分な点も多々あると思いますが、本書が相続税対策に悩む相談者への適切なアドバイスの一助となれば著者にとって望外の喜びです。

なお、設例などの数値は、解説の内容を理解しやすいように、金額の単位は万円とし、計算においては万円未満の金額は原則として四捨五入して表示していますので、一定の誤差が生じることについてご留意ください。

また､文中意見にわたる部分は私見ですので､念のため申し添えます。

令和６年11月

税理士　山本和義

著　者　略　歴

山 本 和 義（やまもと　かずよし）

税理士／税理士法人ファミリィ代表社員

〔略　歴〕

昭和57年２月　山本和義税理士事務所開業

平成16年３月　税理士法人ＦＰ総合研究所へ改組　代表社員に就任

平成29年９月　税理士法人ＦＰ総合研究所を次の世代へ事業承継し退任

平成29年10月　税理士法人ファミリィ設立　代表社員に就任

〔主な著書〕

『相続財産がないことの確認－見落としてはいけない遺産整理業務の要点－』共著（ＴＫＣ出版、2016年）

『税理士の相続業務強化マニュアル』（中央経済社、2017年）

『税理士の相続業務強化マニュアル　土地・自社株評価実践編』（中央経済社、2018年）

『配偶者居住権と相続対策の実務－配偶者保護の視点から－』（新日本法規出版、2020年）

『Ｑ＆Ａ　おひとりさま〔高齢単身者の〕相続・老後資金対策』編著（清文社、2021年）

『税理士が陥りやすい　相続対策の落とし穴－「争族」防止・納税資金・税額軽減・納税申告－』（新日本法規出版、2021年）

『侵害額を少なくするための　遺留分対策完全マニュアル』（清文社、2021年）

『税理士が知っておきたい　相続発生後でもできる相続税対策』（新日本法規出版、2022年）
『新版　タイムリミットで考える　相続税対策実践ハンドブック　遺産分割・申告実務編』（清文社、2022年）
『令和５年10月改訂　タイムリミットで考える　相続税対策実践ハンドブック　生前対策編』（清文社、2023年）
『税理士が知っておきたい　遺言書でできる相続対策』（新日本法規出版、2023年）
『単純承認・相続放棄・限定承認の選択のポイントと活用法～相続発生後の３つの対応策～』（大蔵財務協会、2023年）
『令和６年１月相続・贈与分から適用　マンションの相続税評価はこう変わる！』（清文社、2023年）
『「配当還元方式」徹底活用ガイド－立場で異なる自社株評価－』（清文社、2024年）

凡　　例

＜本書の構成＞

本書は､財産の種類や状況に応じて検討可能な相続税対策を提示し、その対策を実施する上での留意点を解説したものです。

各項目の構成は次のとおりです。

対策メニュー一覧表	相続税対策のメニューを一覧表で掲げ、その対策の効果が発生するまでの期間を以下のアイコンで示しています。 長　期：対策後、効果の発生までに一定の期間が必要な対策 短　期：対策後、すぐに効果が発生する対策 相続後：相続発生後に実施できる対策
Point	相続税の原則的な取扱いと対策のポイントを示しています。
解　説	相続税対策実施上の留意点を解説しています。
各対策メニューの個別解説	対策メニュー一覧表で掲げたメニューを個別に解説しています。

(注)解説において、推定被相続人及び推定相続人を、単に「被相続人」及び「相続人」として表記している部分がありますので、解説の内容に応じて読み替えをお願いします。

＜法令等の表記＞

根拠となる法令等の略記例及び略語は次のとおりです。

租税特別措置法第69条の４第３項第４号＝租特69の４③四

会社	会社法	保険	保険法
所税	所得税法	民	民法
相税	相続税法	所基通	所得税基本通達
租特	租税特別措置法	相基通	相続税法基本通達
租特令	租税特別措置法施行令	評基通	財産評価基本通達
法税	法人税法	法基通	法人税基本通達
法税令	法人税法施行令		

＜判例・裁決例の表記＞

根拠となる判例･裁決例の略記例及び出典の略称は次のとおりです。

広島高等裁判所令和４年２月25日判決、判例時報2536号59頁
＝広島高判令４・２・25判時2536・59

国税不服審判所平成25年９月24日裁決、裁決事例集No.92　368頁
＝平25・９・24裁決　裁事92・368

判時	判例時報	税資	税務訴訟資料
判タ	判例タイムズ	裁事	裁決事例集
家月	家庭裁判月報		

目　次

第１章　不動産

国税庁が公表している令和３年の相続税の申告（課税状況）における統計資料によると、相続財産に占める不動産（土地、家屋及び構築物）の割合は約38％となっています。

自宅以外に不動産を所有する人の多くは相続税が課されることになると思われることから、所有する不動産の有効活用を通じた相続税対策が行われています。

土地の路線価は公示価額の80％を目途に設定されていて、時価よりも低めに評価されるようになっています。家屋の相続税評価額は、固定資産税評価額を基に評価することとされていますが、目安として建築総額の５割～６割前後の固定資産税評価額となることが一般的です。

そのため、アパート等を建築することで、相続財産の圧縮につながり相続税の軽減が期待されることから、土地活用の定番の相続税対策として活用されています。

また、自宅や事業用不動産などは、換金処分することに一定の制約を受けていることから、一定の要件を満たす場合には「小規模宅地等の特例」によって相続税評価額は一定割合減額されます。

さらに、一定の要件を満たす一人住まいの被相続人の居住用財産を、一定の期間内に譲渡した場合には3,000万円の特別控除の特例も設けられています。

そこで、この章では、不動産の相続税対策について、時価と相続税評価額の差額を上手に活用した相続税対策や、小規模宅地等の特例及び居住用財産の譲渡に係る3,000万円の特別控除などの適用を受けることができるような生前対策や、相続後の遺産分割などの工夫について解説することとします。

1 居住用不動産

対策メニュー	
長 期	小規模宅地等の特例（特定居住用宅地等）の適用要件を満たす ⇒ 1
短 期	贈与税の配偶者控除によって居住用不動産を贈与する ⇒ 2
相続後	配偶者居住権を取得する ⇒ 3
相続後	第一次相続が未分割のまま第二次相続が発生した場合の空き家特例の適用関係 ⇒ 4
相続後	夫婦のみが居住している居住用不動産は配偶者が相続する ⇒ 5
相続後	居住用財産の譲渡に係る3,000万円の特別控除 ⇒ 6

Point

一定の宅地等については、一定の要件を満たす場合には小規模宅地等の特例の適用を受けることができたり、居住用不動産は、譲渡する際3,000万円の特別控除の特例などが設けられていることから、相続税対策ではそれらの特例を上手に活用することがポイントです。

解　説

（１）　小規模宅地等の特例制度の概要

小規模宅地等の特例は、取引相場のない株式の評価について改善合理化を図ることとの関連で、「個人が事業の用又は居住の用に供する小規模宅地についても所要の措置を講ずることが適当である。」との税制調査会の「昭和58年度の税制改正に関する答申」（昭和57年12月）の趣旨に沿って、居住の安定及び事業の継続に配慮するとの観点から、従来の通達による取扱いを発展的に吸収して相続税の課税上特別の配慮を加えることとして措置法化され（租特69の４）、部分的な改正を経ながら今日に至っています。

①　小規模宅地等の特例制度の概要

この特例は、個人が、相続又は遺贈により取得した財産のうち、その相続の開始の直前において被相続人等（被相続人と生計を一にしていた被相続人の親族を含みます。）の事業の用に供されていた宅地等（土地又は土地の上に存する権利で、建物又は構築物の敷地の用に供されているものをいいます。ただし、棚卸資産及びこれに準ずる資産に該当しないものに限られます。以下同じ。）又は被相続人等の居住の用に供されていた宅地等のうち、一定の選択をしたもので限度面積までの部分（以下「小規模宅地等」といいます。）については、相続税の課税価格に算入すべき価額の計算上、一定の割合を減額します（租特69の４）。

なお、相続開始前３年以内に贈与により取得した宅地等や相続時精算課税に係る贈与により取得した宅地等については、この特例の適用を受けることはできません。

②　限度面積と減額割合

小規模宅地等については、相続税の課税価格に算入すべき価額の計算上、次の表に掲げる区分ごとに一定の割合を減額します。

<table>
<tr><th colspan="3">相続開始の直前における
宅地等の利用区分</th><th colspan="2">要　件</th><th>限度
面積</th><th>減額割合</th></tr>
<tr><td rowspan="5">被相続人等の事業の用に供されていた宅地等</td><td colspan="2">貸付事業以外の事業用の宅地等</td><td>①</td><td>特定事業用宅地等に該当する宅地等（注２）</td><td>400㎡</td><td>80%</td></tr>
<tr><td rowspan="4">貸付事業用の宅地等（注１）</td><td rowspan="2">一定の法人に貸し付けられ、その法人の事業（貸付事業を除く。）用の宅地等</td><td>②</td><td>特定同族会社事業用宅地等に該当する宅地等</td><td>400㎡</td><td>80%</td></tr>
<tr><td>③</td><td>貸付事業用宅地等に該当する宅地等</td><td>200㎡</td><td>50%</td></tr>
<tr><td>一定の法人に貸し付けられ、その法人の貸付事業用の宅地等</td><td>④</td><td>貸付事業用宅地等に該当する宅地等</td><td>200㎡</td><td>50%</td></tr>
<tr><td>被相続人等の貸付事業用の宅地等</td><td>⑤</td><td>貸付事業用宅地等に該当する宅地等</td><td>200㎡</td><td>50%</td></tr>
<tr><td colspan="3">被相続人等の居住の用に供されていた宅地等</td><td>⑥</td><td>特定居住用宅地等に該当する宅地等（注３）</td><td>330㎡</td><td>80%</td></tr>
</table>

（注１）相続開始前３年以内に「新たに貸付事業の用に供された」ものは、原則として貸付事業用宅地等の特例の対象となる宅地等から除かれます（租特69の４③四）。

（注２）特定事業用宅地等の範囲から、相続開始前３年以内に事業の用に供された宅地等（その宅地等の上で事業の用に供されている減価償却資産の価額が、その宅地等の相続時の価額の15％以上である場合を除きます。）を除外することとされました（租特40の２⑧）。

（注３）平成30年４月１日以後の相続又は遺贈により取得した宅地等については、相続開始前３年以内に日本国内にある取得者、取得者の配偶者、取得者の三親等内の親族又は取得者と特別の関係がある一定の法人が所有する家屋（相続開始の直前において被相続人の居住の用に供されていた家屋を除きます。）に居住したことがないこと、及び相続開始時に、取得者が居住している家屋を相続開始前のいずれの時においても所有していたことがないことの要件が追加されました（租特69の４③二ロ）。

なお、特定事業用等宅地等（特定事業用宅地等又は特定同族会社事業用宅地等をいいます。）と特定居住用宅地等とは完全併用が認められますが、貸付事業用宅地等を選択する場合には、適用限度面積の調整が必要とされます。その場合、貸付事業用宅地等の「限度面積」については、以下の算式によって求められます。

200㎡ －（A × 200㎡ ÷ 400㎡ ＋ B × 200㎡ ÷ 330㎡） ＝ 貸付事業用宅地等の限度面積

A：「特定事業用宅地等」、「特定同族会社事業用宅地等」の面積の合計（上記の表① ＋ ②）

B：「特定居住用宅地等」の面積の合計（上記の表⑥）

（２）　贈与税の配偶者控除

婚姻期間が20年以上の夫婦の間で、居住用不動産又は居住用不動産を取得するための金銭の贈与が行われた場合、基礎控除110万円のほかに最高2,000万円まで控除（配偶者控除）できるという特例です（相税21の６）。

この特例の適用を受けるための主な適用要件は以下のとおりです。

①　夫婦の婚姻期間が20年を過ぎた後に贈与が行われたこと

② 配偶者から贈与された財産が、居住用不動産（注）であること又は居住用不動産を取得するための金銭であること

③ 贈与を受けた年の翌年３月15日までに、贈与により取得した居住用不動産又は贈与を受けた金銭で取得した居住用不動産に、贈与を受けた者が現実に住んでおり、その後も引き続き住む見込みであること

④ 同じ配偶者から過去にこの特例の適用を受けていないこと

⑤ 一定の書類を添付して贈与税の申告をすること

（注）「居住用不動産」とは、専ら居住の用に供する土地若しくは土地の上に存する権利又は家屋で国内にあるものをいいます。

＜贈与税の配偶者控除制度の状況＞

	人員	金額		人員	金額
平成21年	13,304人	161,710百万円	平成28年	11,261人	140,172百万円
平成22年	13,058人	161,073百万円	平成29年	10,579人	129,116百万円
平成23年	14,043人	180,697百万円	平成30年	9,313人	106,394百万円
平成24年	13,538人	172,595百万円	令和元年	9,055人	98,028百万円
平成25年	15,474人	203,075百万円	令和２年	8,292人	88,501百万円
平成26年	16,660人	222,282百万円	令和３年	9,178人	99,866百万円
平成27年	13,959人	178,189百万円	令和４年	7,698人	82,691百万円

（出典：国税庁統計資料）

（３） 配偶者居住権

配偶者が相続開始時に居住していた被相続人の所有建物を対象として、終身又は一定期間、配偶者にその使用又は収益を認めることを内容とする法定の権利で、遺言や遺産分割における選択肢の一つとして、

配偶者に配偶者居住権を取得させることができることとするほか、被相続人が遺贈等によって配偶者に配偶者居住権を取得させることができることとすることができます（民1028①・1030）。また、家庭裁判所の遺産分割審判によっても配偶者居住権を取得することができます（民1029）。

配偶者居住権が認められる場合は、その効力は対象建物の全体に及びます。例えば、配偶者が従前居住していた建物のうち、一部は居住の用に供し、他の部分は店舗や賃貸物件など収益の用に供していた場合、配偶者は、その建物のうち、居住の用に供している部分のみならず、店舗や賃貸物件といった収益の用に供している部分まで使用及び収益することが認められることになります（民1028①）。

また、配偶者居住権は配偶者の居住を目的とする権利ですので、配偶者が家族や家事使用人と同居することも当然予定されていますので、これらの人を建物に同居させることも可能です。その場合、居住建物の所有者の承諾を得る必要はないものと考えられます（堂薗幹一郎＝野口宣大編『一問一答　新しい相続法　平成30年民法等（相続法）改正、遺言書保管法の解説』24頁（商事法務、2019））。

ただし、建物の使用については、従前居住の用に供していた部分を収益の用に供してはならない（収益の用に供していた部分については新たに居住の用に供することは可）、という制限はあります（民1032①）。また、居住建物を第三者に使用収益させるときは、所有者の承諾が必要となる制限もあります（民1032③後段）。

（４）　被相続人の居住用財産（空き家）に係る譲渡所得の特別控除の特例

相続又は遺贈により取得した被相続人居住用家屋又は被相続人居住用家屋の敷地等を、平成28年４月１日から令和９年12月31日までの間に売って、一定の要件に該当するときは、譲渡所得の金額から最高3,000万円（注）まで控除することができます（租特35③）。

(注) 令和6年1月1日以後に行う譲渡で被相続人居住用家屋及び被相続人居住用家屋の敷地等を相続又は遺贈により取得した相続人の数が3人以上である場合は2,000万円までとなります（租特35④）。

【主な要件】

① 特例の対象となる「被相続人居住用家屋」とは、相続の開始の直前において被相続人の居住の用に供されていた家屋で、次の3つの要件全てに当てはまるもの（主として被相続人の居住の用に供されていた一の建築物に限ります。）をいいます（租特35⑤）。

㋐ 昭和56年5月31日以前に建築されたこと。

㋑ 区分所有建物登記がされている建物でないこと。

㋒ 相続の開始の直前において被相続人以外に居住をしていた人がいなかったこと。

② 特例の対象となる「被相続人居住用家屋の敷地等」とは、相続の開始の直前（従前居住用家屋の敷地の場合は、被相続人の居住の用に供されなくなる直前）において被相続人居住用家屋の敷地の用に供されていた土地又はその土地の上に存する権利をいいます。

以上のほか、相続の開始があった日から3年を経過する日の属する年の12月31日までに譲渡すること、売却代金が1億円以下であることなどの要件を満たす必要があります。

(5) 居住用財産を譲渡した場合の3,000万円の特別控除

居住用財産を譲渡したときは、所有期間の長短に関係なく譲渡所得から最高3,000万円まで控除ができる特例（居住用財産を譲渡した場合の3,000万円の特別控除の特例）があります（租特35①）。

【主な要件】

①　自分が住んでいる家屋を売るか、家屋とともにその敷地や借地権を売ること。なお、以前に住んでいた家屋や敷地等の場合には、住まなくなった日から３年を経過する日の属する年の12月31日までに売ること。

②　売った年の前年及び前々年にこの特例（「被相続人の居住用財産に係る譲渡所得の特別控除の特例」によりこの特例の適用を受けている場合を除きます。）又はマイホームの譲渡損失についての損益通算及び繰越控除の特例の適用を受けていないこと。

＜譲渡利益が3,000万円以下の場合＞　＜譲渡利益が3,000万円超の場合＞

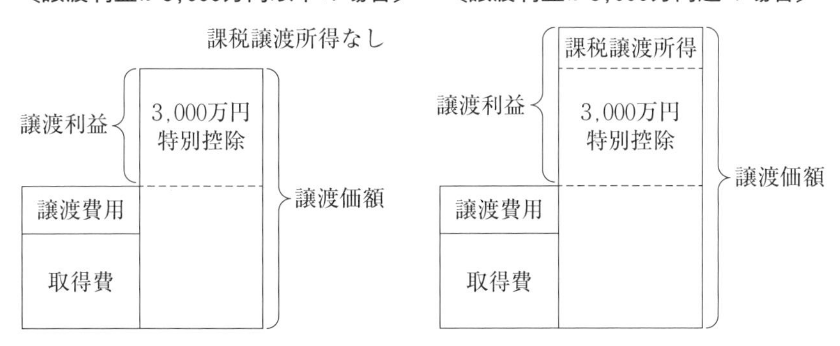

（出典：国土交通省ホームページ「居住用財産の譲渡に関する特例措置」）

対策メニュー

1　小規模宅地等の特例（特定居住用宅地等）の適用要件を満たす　長　期

居住用の宅地等や貸付事業用宅地等については、一定の要件を満たすことで小規模宅地等の特例の適用を受けることができます。この特例は、配偶者の税額の軽減と並んで、相続税の申告において最も多く利用されているといえます。

このうち、特定居住用宅地等の特例は、相続開始の直前において被相続人等の居住の用に供されていた宅地等で、一定の要件に該当する被相続人の親族が相続又は遺贈により取得したものをいいます。なお、その宅地等が２以上ある場合には、主としてその居住の用に供していた一の宅地等に限ります。

この特例は、限度面積330㎡までの部分について80％の減額を受けることができます。

（１）　配偶者や同居親族が適用を受ける場合

被相続人の居住の用に供されていた宅地等を配偶者が相続する場合には、「居住継続要件」や「保有継続要件」などはありません。そのため、配偶者が一定の居住用宅地等を取得すれば特定居住用宅地等に該当し、小規模宅地等の特例の適用を受けることができます。

また、この特例は、被相続人と生計を一にしていた当該被相続人の親族の居住の用に供されていた宅地等についても適用されることになっています（租特69の４）。この場合、同居する親族については、明らかに独立して生計を営んでいると認められる場合を除き、原則として、生計を一にするものとして判断されます。

同居親族がいる場合に、配偶者と同居親族が居住用不動産を相続したときには、いずれの者から特定居住用宅地等の適用を受けるのかについては、配偶者と同居親族との選択同意によって決めることになります。

【設　例】

1.　被相続人　父（令和６年３月死亡）
2.　相続人　母・長男（父母と同居）
3.　父の相続財産と遺産分割　（単位：万円）

	分割案１		分割案２	
	母	長男	母	長男
居住用建物	―	1,000	1,000	―
居住用土地（330㎡）	―	5,000	5,000	―
その他の財産	18,000	13,000	13,000	18,000

4.　相続税の計算　（単位：万円）

	分割案１		分割案２	
	母	長男	母	長男
居住用建物	―	1,000	1,000	―
居住用土地（330㎡）	―	5,000	5,000	―
小規模宅地等の特例	―	△4,000	△4,000	―
その他の財産	18,000	13,000	13,000	18,000
課税価格	18,000	15,000	15,000	18,000
相続税の総額	8,120		8,120	
各人の算出税額	4,429	3,691	3,691	4,429
配偶者の税額軽減	△4,060	―	△3,691	―
納付税額	369	3,691	0	4,429

上記の設例の場合、長男が父母と同居していることから、長男が居住用宅地等を相続しても特定居住用宅地等として小規模宅地等の特例の適用を受けることができます。その結果、長男が居住用宅地等を相続し、小規模宅地等の特例を受けることで最も相続税を軽減することになります。

仮に長男が父母と別生計であれば、分割案2の選択にならざるを得ないことから分割案1に比べて相続税の負担は重くなります。

（2）　家なき子の場合

被相続人と生計一の相続人でない者であっても、以下の要件を満たす相続人（「家なき子」）が、被相続人の居住用宅地等を相続した場合には特定居住用宅地等として小規模宅地等の特例の適用を受けることができます。

＜「家なき子」の適用要件＞

次の①から⑥の要件を全て満たすこと。

①　居住制限納税義務者又は非居住制限納税義務者のうち日本国籍を有しない者ではないこと。

②　被相続人に配偶者がいないこと。

③　相続開始の直前において被相続人の居住の用に供されていた家屋に居住していた被相続人の相続人（相続の放棄があった場合には、その放棄がなかったものとした場合の相続人）がいないこと。

④　相続開始前3年以内に日本国内にある取得者、取得者の配偶者、取得者の三親等内の親族又は取得者と特別の関係がある一定の法人が所有する家屋（相続開始の直前において被相続人の居住の用に供されていた家屋を除きます。）に居住したことがないこと。

⑤　相続開始時に、取得者が居住している家屋を相続開始前のいずれの時においても所有していたことがないこと。

⑥　その宅地等を相続開始時から相続税の申告期限まで有していること。

【設　例】

1．被相続人　母（令和６年３月死亡：同居親族なし）

2．相続人　長男（「家なき子」に該当）・二男（持家に居住）

3．母の相続財産と遺産分割　（単位：万円）

	分割案１		分割案２	
	長男	二男	長男	二男
居住建物	1,000	—	—	1,000
同上の敷地（330㎡）	4,000	—	—	4,000
その他の財産	5,000	10,000	10,000	5,000

4．相続税の計算　（単位：万円）

	分割案１		分割案２	
	長男	二男	長男	二男
居住建物	1,000	—	—	1,000
同上の敷地（330㎡）	4,000	—	—	4,000
小規模宅地等の特例	（※） △3,200	—	—	—
その他の財産	5,000	10,000	10,000	5,000
課税価格	6,800	10,000	10,000	10,000
相続税の総額	2,380		3,340	
各人の算出税額	963	1,417	1,670	1,670

（※）長男は「家なき子」として、小規模宅地等の特例の適用要件を満たすものとします。

上記の設例の場合、長男が居住用宅地等を相続すれば小規模宅地等の特例の適用を受けることができ、相続税は長男及び二男共に軽減されることになります。

2 贈与税の配偶者控除によって居住用不動産を贈与する

短　期

長期間婚姻している夫婦間で居住用不動産の贈与があっても、原則として特別受益と判定されることから、法定相続分によって遺産分割が行われる場合には、結果的に贈与がなかったことと同じになります。このことは、被相続人が贈与を行った趣旨が遺産分割に反映されない結果となってしまいます。

また、長年にわたり被相続人と同居して日常生活を支え、被相続人の財産形成に有形・無形の寄与があったとしても、基本的には法定相続分によって形式的・画一的に遺産の分配が行われることになります。そうなると高齢になって再婚した配偶者と同じ取扱いになって実質的公平を欠くことにもなりかねません。

そこで、平成30年の民法改正（令和元年７月１日施行）において、婚姻期間が20年以上である夫婦の一方配偶者が、他方配偶者に対し、その居住用建物又はその敷地（居住用不動産）を遺贈又は贈与した場合については、民法903条３項の持戻しの免除の意思表示があったものと推定し、遺産分割においては、原則として当該居住用不動産の持戻し計算は不要となりました（当該居住用不動産の価額を特別受益として扱わずに計算をすることができます。）。

【設　例】

1.　前提条件

①　被相続人　父（令和６年３月死亡）

②　相続人　母・長男・長女

③　相続財産　10,000万円（うち、居住用不動産3,000万円）

④　特別受益　父は令和４年に婚姻期間20年以上の母に対して居住用不動産を贈与している。

2.　みなし遺産価額

①　特別受益の持戻しをする場合

7,000万円 ＋ 3,000万円 ＝ 10,000万円

②　特別受益の持戻しの免除をする場合

7,000万円

3.　各相続人の相続分

法定相続分どおり相続するものとする。

①　特別受益の持戻しをする場合

母　　：10,000万円 × 1／2 － 3,000万円（特別受益）
　　　＝ 2,000万円

長　男：(7,000万円 － 2,000万円) × 1／2 ＝ 2,500万円

長　女：(7,000万円 － 2,000万円) × 1／2 ＝ 2,500万円

②　特別受益の持戻しの免除をする場合

母　　：7,000万円 × 1／2 ＝ 3,500万円

長　男：7,000万円 × 1／4 ＝ 1,750万円

長　女：7,000万円 × 1／4 ＝ 1,750万円

（単位：万円）

		特別受益の持戻し	
		持戻し免除がない場合	持戻し免除がある場合
相続財産		7,000	7,000
特別受益		3,000	—
みなし相続財産の価額		10,000	7,000
各相続人の相続分	母	2,000	3,500
	長　男	2,500	1,750
	長　女	2,500	1,750

以上の設例の場合、母に生前に贈与された居住用不動産については、遺産分割協議において、持戻しの免除の意思表示があったものと推定して計算されます。

また、居住用不動産について父が遺言書によって母に相続させるとしていた場合でも、各相続人の相続分は、持戻し免除の推定規定によって配偶者の相続分は多くなります。

なお、特別受益に当たる贈与について持戻し免除の意思表示がされた場合でも、持戻し免除の意思表示は、遺留分を侵害する限度で失効し、当該贈与に係る財産の価額は、この限度で、遺留分権利者である相続人の相続分に加算され、当該贈与を受けた相続人の相続分から控除されます（最決平24・1・26判時2148・61）。したがって、婚姻期間が20年以上の夫婦間において配偶者へ贈与がなされた場合に、当然に遺留分侵害額請求の対象範囲から除外されるということはありません。他の相続人への贈与の場合と同様に、原則として相続開始より「10年以内」に「婚姻若しくは養子縁組のため又は生計の資本として受けた贈与」については、遺留分侵害額請求の対象となります

上記の設例の場合に、父が遺言書において法定相続分によって各相続人に相続させるとしていた場合の長男又は長女の遺留分の額は以下のように計算され、結果として遺留分の侵害はないものと判定されます。

（7,000万円 ＋ 3,000万円）× 1/2 × 1/4 ＝ 1,250万円 ≦ 1,750万円

∴　遺留分の侵害はないため、各相続人の相続分は1,750万円となる。

3　配偶者居住権を取得する　相続後

配偶者が居住用不動産を相続すると、特定居住用宅地等として小規模宅地等の特例の適用を受けることができます。

一方、配偶者が相続開始時に居住していた被相続人の所有建物を対象として、終身又は一定期間、配偶者にその使用又は収益を認めることを内容とする法定の権利である配偶者居住権は、遺言や遺産分割によって配偶者に取得させることができます（民1028①・1030）。配偶者居住権は、配偶者の死亡によって消滅する（民1036において準用する597③）こととされていますので、第一次相続で配偶者居住権を配偶者が取得することで通算の相続税を軽減することができます。

そこで、配偶者が、配偶者居住権を取得した場合と、居住用不動産を相続するときの相続税の有利不利を設例で検証してみます。

【設　例】

1.　被相続人　父（令和6年3月死亡）

2.　相続人　　母・長男（父母と別生計、持家に居住）

3.　父の相続財産と遺産分割　　　　　　　　　　（単位：万円）

	母が配偶者居住権を取得（分割案1）		母が居住用不動産を相続（分割案2）	
	母	長男	母	長男
居住建物（※1）	600	400	1,000	―
居住用敷地（※2）	3,000	5,000	8,000	―
その他の財産	8,400	6,600	3,000	12,000

（※1）居住建物1,000万円（うち、配偶者居住権600万円）

（※2）居住用敷地300㎡、自用地評価額8,000万円（うち、配偶者敷地利用権3,000万円）

4．母（令和６年８月死亡）固有の財産と遺産分割
現預金10,000万円（父から相続した財産を除く。）

5．相続税の計算　　（単位：万円）

	分割案１			分割案２		
	父の相続		母の相続	父の相続		母の相続
	母	長男	長男	母	長男	長男
居住建物	600	400	―	1,000	―	1,000
居住用敷地	3,000	5,000	―	8,000	―	8,000
小規模宅地等の特例（※）	△2,400	―	―	△6,400	―	―
その他の財産	8,400	6,600	8,400	3,000	12,000	3,000
母固有の財産	―	―	10,000	―	―	10,000
課税価格	9,600	12,000	18,400	5,600	12,000	22,000
相続税の総額	3,820		4,220	2,620		5,660
各人の算出税額	1,698	2,122	4,220	834	1,786	5,660
配偶者の税額軽減	△1,698	―	―	△834	―	―
納付税額	0	2,122	4,220	0	1,786	5,660
通算相続税	6,342			7,446		

（※）

・分割案１　300㎡ ×（3,000万円 ÷ 8,000万円）= 112.5㎡（特例対象面積：配偶者敷地利用権）
8,000万円 ×（112.5㎡ ÷ 300㎡）× 80％ = 2,400万円（小規模宅地等の特例減額）

・分割案2　8,000万円 × 80% ＝ 6,400万円（小規模宅地等の特例減額）
　なお、母の相続の場合には、長男は生計別で持家に居住しているため、小規模宅地等の特例の適用を受けることはできません。

この設例の場合、分割案1の場合には、父の相続では、母が相続した敷地利用権部分について小規模宅地等の特例の適用を受けることができます。また、母が父から取得した配偶者居住権については、母の死亡と同時に消滅することから母の相続財産に加算されません。

分割案2の場合、母が相続した居住用不動産の敷地は、特定居住用宅地等として小規模宅地等の特例を適用することで長男の納付税額も少なくすることができます。

しかし、母の相続では、居住用不動産について長男は、小規模宅地等の特例の適用を受けることができないため、通算相続税は不利になります。

4　第一次相続が未分割のまま第二次相続が発生した場合の空き家特例の適用関係　相続後

第一次相続に際して遺産分割が行われていない状況で、第二次相続が発生した場合、第一次相続に係る遺産分割を行った上で第二次相続に係る遺産分割協議を行うことが一般的です。

第一次相続に係る遺産分割協議の当事者であった第二次相続の被相続人は既に亡くなっていますが、相続人は被相続人の財産に属する一切の権利義務を承継するとされています（民896）ので、第二次相続の相続人は、第一次相続に係る被相続人の遺産についての遺産分割を行う地位も承継しており、その地位に基づいて第一次相続に係る遺産分割協議を行うことができます。

そこで、父が所有し、父母が居住していた不動産が、父の相続開始後においても未分割のまま放置され、その後に母が継続して居住していた場合に、母が死亡したときは、遺産分割を工夫すれば、空き家特例（一人住まいの被相続人の一定の居住用財産の譲渡）の適用を受けることができます。

【設　例】

1．第一次相続の被相続人　父（令和2年3月死亡）

2．相続人　母・長男・長女

3．父の遺産

居住用不動産　3,000万円（空き家特例の適用要件を全て満たすもの）

相続税の申告が不要であったことから、遺産分割協議を行っていない。また、母が父の死亡後その不動産に1人で居住していた。

4．第二次相続の被相続人　母（令和6年3月死亡）。なお、母の財産は1,000万円であった。

5.　遺産分割と不動産の譲渡

父の遺産の居住用不動産について、母が全部相続することとする遺産分割を行い、次いで、母の遺産は長男及び長女がそれぞれ１/２ずつ相続することとし、母の居住用不動産を第三者に4,000万円で譲渡した。

6.　母の相続税

1,000万円（固有の財産）＋ 3,000万円（父からの相続財産）＜ 4,200万円（相続税の基礎控除額）　∴　相続税は課されない。

7.　譲渡所得課税

空き家特例の適用要件を満たす場合、譲渡所得金額から長男及び長女はそれぞれ3,000万円の特別控除の適用を受けることができるので、譲渡所得税は課されないこととなる。

5 夫婦のみが居住している居住用不動産は配偶者が相続する 相続後

（１） 被相続人の居住用財産（空き家）を譲渡したときの特例

相続又は遺贈により取得した被相続人居住用家屋又は被相続人居住用家屋の敷地等を、平成28年４月１日から令和９年12月31日までの間に売って、一定の要件に当てはまるときは、譲渡所得の金額から最高3,000万円まで控除することができます。

① 特例の対象となる「被相続人居住用家屋」

相続の開始の直前において被相続人の居住の用に供されていた家屋で、次の３つの要件全てに当てはまるもの（主として被相続人の居住の用に供されていた一の建築物に限ります。）をいいます。

㋐ 昭和56年５月31日以前に建築されたこと。

㋑ 区分所有建物登記がされている建物でないこと。

㋒ 相続の開始の直前において被相続人以外に居住をしていた人がいなかったこと。

なお、要介護認定等を受けて老人ホーム等に入所するなど、特定の事由により相続の開始の直前において被相続人の居住の用に供されていなかった場合で、一定の要件を満たすときは、その居住の用に供されなくなる直前まで被相続人の居住の用に供されていた家屋は被相続人居住用家屋に該当します。

② 特例の対象となる「被相続人居住用家屋の敷地等」

相続の開始の直前（従前居住用家屋の敷地の場合は、被相続人の居住の用に供されなくなる直前）において被相続人居住用家屋の敷地の用に供されていた土地又はその土地の上に存する権利をいいます。

なお、相続の開始の直前（従前居住用家屋の敷地の場合は、被相続人の居住の用に供されなくなる直前）においてその土地が用途上不可分の関係にある２以上の建築物（母屋と離れなど）のある一団の土地であった場合には、その土地のうち、その土地の面積にその２以上の建築物の床面積の合計のうちに一の建築物である被相続人居住用家屋（母屋）の床面積の占める割合を乗じて計算した面積に係る土地の部分に限ります。

③　特例を受けるための適用要件

相続又は遺贈により被相続人居住用家屋及び被相続人居住用家屋の敷地等を取得し、相続の時から取壊し等の時まで事業の用、貸付けの用又は居住の用に供されていたことがないこと、相続の開始があった日から３年を経過する日の属する年の12月31日までに売ること、売却代金が１億円以下であることなどの要件を満たす必要があります。

そこで、被相続人の居住用財産（空き家）を譲渡したときの特例の適用を受けるために、例えば、父が所有し、父母が居住する不動産（一定の要件を満たすもの）は、父の相続では、母が居住用不動産を相続することで、母の相続の際には、この特例の対象とすることができます。

【設　例】

1.　被相続人　父（令和６年３月死亡）
2.　相続人　母・長男（父母と別生計）
3.　相続財産
　①　居住用土地　3,000万円（父母が居住・敷地面積330㎡・取得費500万円・時価4,500万円）
　②　居住用家屋　500万円（昭和55年築・その他、空き家特例の適用要件を満たすものと仮定する。）
　③　その他の財産　1,000万円

4.　遺産分割

分割案１　母は居住用土地及び建物を、長男はその他の財産を相続する。

分割案２　母及び長男が全ての財産を１/２ずつ相続する。

5.　相続税

父の相続において、居住用土地について、配偶者が相続した居住用土地について、特定居住用宅地等の特例の適用を受けると課税価格は相続税の基礎控除額以下になり、相続税は課されない。

【父の相続税】（単位：万円）

	分割案１		分割案２	
	母	長男	母	長男
居住用土地	3,000	−	1,500	1,500
小規模宅地等の特例	△2,400	−	△1,200	−
居住用家屋	500	−	500	−
その他の財産	−	1,000	−	1,000
課税価格	1,100	1,000	800	2,500
相続税の総額	0		0	

6.　母の相続（令和６年５月死亡）と相続税

母固有の財産は、ないものとする。

そのため、母の相続では父の遺産分割案のいずれの場合でも、課税価格は相続税の基礎控除額以下になるため、相続税は課されない。

【母の相続税】（単位：万円）

	分割案１	分割案２
	長男	長男
居住用土地	3,000	1,500
居住用家屋	500	500
課税価格	3,500	2,000
相続税の総額	0	0

7.　空き家特例による譲渡税

令和７年４月に、建物を取り壊して居住用土地を5,000万円で譲渡した。

（単位：万円）

	父の相続（分割案１）	父の相続（分割案２）	
	特例対象	特例対象	特例対象外
譲渡収入金額	4,500	2,250	2,250
取得費	500	250	250
特別控除額	△3,000	△2,000	－
課税長期譲渡所得金額	1,000	0	2,000
譲渡税	203	406	

この設例の場合、父の相続の際に分割案１のように母が居住用不動産を全て相続すれば、母の相続の際によって長男が相続した居住用不動産は空き家特例の対象となります。

しかし、分割案２の場合には、長男の持分（父から相続した部分）については、空き家特例の対象とはならないことから、相続税の課税がない場合でも遺産分割の工夫により税負担に差異が生じます。

6　居住用財産の譲渡に係る3,000万円の特別控除　相続後

相続税の課税価格が基礎控除額以下の場合、相続税の申告と納税は必要ありません。しかし、相続した財産を譲渡する場合の税負担の軽減を考慮したときの遺産分割の工夫は必要となります。

【設　例】

1．　被相続人　　母（令和６年３月死亡）

2．　相続人　　長男・長女

3．　相続財産　　土地及び建物（平成２年築・相続税評価額4,000万円・時価6,000万円）

4．　その他

①　この不動産には、長男家族が平成20年から母と同居していた。

②　相続した後に、土地及び建物を第三者に譲渡する予定。

③　土地及び建物の取得費は1,000万円で、母の所有及び居住期間は10年超。

5．　分割案

＜分割案１＞　土地及び建物を、長男及び長女で法定相続分（２分の１）どおり相続する。

＜分割案２＞　土地及び建物はいずれも長男が相続し、長女に代償金2,800万円を支払う。

6．　効果の判定

①　相続税

相続税は、＜分割案１＞及び＜分割案２＞のいずれの方法によっても、課税価格が4,000万円で、相続税の基礎控除額4,200万円以下のために課税されません。

②　譲渡税　相続した土地及び建物を6,000万円で譲渡した場合の譲渡税

＜分割案１＞　（単位：万円）

	譲渡収入	取得費	特別控除	課税長期譲渡所得	譲渡税
長男	3,000	500	3,000	0	0
長女	3,000	500	－	2,500	（注）508
合計	6,000	1,000	3,000	2,500	508

長女は、相続後に、相続した土地及び建物に一度も居住することなく譲渡しているので、居住用財産の3,000万円の特別控除の適用を受けることができません。

(注)2,500万円 × 20.315％ ≒ 508万円（所得税・住民税の合計税額）

＜分割案２＞　（単位：万円）

	譲渡収入	取得費	特別控除	課税長期譲渡所得	譲渡税
長男	6,000	1,000	3,000	2,000	（注）284

長男は、相続による所有期間の引き継ぎにより所有期間10年超の居住用財産を譲渡したことになり、3,000万円の特別控除と軽減税率の両方の特例の適用を受けることができます。

(注)2,000万円 × 14.21％ ≒ 284万円（所得税・住民税の合計税額）

＜税引き後の手許現金の状況＞　（単位：万円）

	分割案１	分割案２
長男	3,000	2,916
長女	2,492	(注)2,800
合計	5,492	5,716

(注)分割案２では、長女は長男から代償財産として2,800万円を受け取っています。

【軽減税率】

譲渡した年の１月１日において譲渡した家屋や敷地の所有期間がと

もに10年を超えている場合など一定の要件を満たすときの軽減税率は以下のようになります。

課税長期譲渡所得金額（＝A）	所得税	住民税
6,000万円以下	A × 10.21%	A × 4%
6,000万円超	(A − 6,000万円)× 15.315% ＋ 612.6万円	(A − 6,000万円)× 5% ＋ 240万円

2　事業用不動産

対策メニュー	
長　期	賃貸不動産の法人化 ⇒ 1
長　期	相続時精算課税によって高収益な賃貸不動産を贈与する ⇒ 2
短　期	賃貸建物だけを子へ贈与する ⇒ 3
短　期	小規模宅地等の特例対象宅地等についての選択同意 ⇒ 4
相続後	配偶者と同居する相続人が賃貸マンション等を相続し、相続税の申告期限後に建物を配偶者へ時価で譲渡する ⇒ 5

Point

賃貸不動産から生じる賃料を、被相続人から相続人等へ移転させる対策として、①子や孫へ賃貸不動産を贈与する、又は②家族が主宰する法人へ賃貸不動産を時価で譲渡するなどの方法により、賃料収入を移転すれば、毎年の所得税等と将来の相続税の軽減が期待されます。

法人へ譲渡する場合には賃借人から預かっている敷金などを精算することで負担付贈与と認定されないように、また、子などへ賃貸建物だけを贈与した場合には、贈与後に賃借人が異動することによって賃貸建物の敷地の相続税評価額が自用地して評価されることがないように事前の対策が必要となります。

また、貸付事業用宅地等として小規模宅地等の特例の適用要件についても留意しておかなければなりません。

解 説

(1) 負担付贈与

負担付贈与とは、受贈者に一定の債務を負担させることを条件にした財産の贈与をいいます。個人から負担付贈与を受けた場合は、贈与財産の価額から負担額を控除した価額に贈与税が課税されることになります。

この場合の課税価格は、贈与された財産が土地や借地権などである場合及び家屋や構築物などである場合には、その贈与の時における通常の取引価額に相当する金額から負担額を控除した価額によることになっています。

また、贈与者は、負担額でその贈与財産を譲渡したことになりますので、譲渡益が生じる場合には、所得税の対象となります。

賃貸不動産を贈与する場合に、賃借人から敷金などを預かっている事例が多くあります。敷金とは、不動産の賃借人が、賃料その他の債務を担保するために契約成立の際、あらかじめ賃貸人に交付する金銭（権利金と異なり、賃貸借契約が終了すれば賃借人に債務の未払がない限り返還されます。）であり、その法的性格は、停止条件付返還債務であるとされています。

また、賃貸中の建物の所有権の移転があった場合には、旧所有者に差し入れた敷金が現存する限り、たとえ新旧所有者間に敷金の引継ぎがなくても、賃貸中の建物の新所有者は当然に敷金を引き継ぐとされています。

そのため、旧所有者が賃借人に対して敷金返還義務を負っている状態で、新所有者に対し賃貸アパートを贈与した場合には、法形式上は、負担付贈与に該当しますが、当該敷金返還義務に相当する現金の贈与を同時に行っている場合には、一般的に当該敷金返還債務を承継させる意図が贈与者・受贈者間においてなく、実質的な負担はないと認定することができます。

したがって、このような場合については、実質的に負担付贈与に当たらないと解するのが相当ですから、負担付贈与通達（平元・３・29直評５ほか）の適用はありません。

（２）　賃貸建物だけを贈与した後のその敷地の評価

個人間で賃貸建物だけを贈与した場合のその敷地については、使用貸借（地代の支払はその敷地の固定資産税相当額以下）とし、借地権の課税が生じないようにします。

賃貸建物はその入居者の借家権を考慮し、当該建物の相続評価において借家権相当額を控除することとしています。また、その敷地についても当該借家権の一部が及ぶとの考え方から「貸家建付地」として、借地権・借家権割合及び賃貸割合を乗じて求めた割合を減額することとしています。

賃貸建物の贈与があった場合に、贈与後においても貸家及び貸家建付地として評価されるのは賃借人について移動がない場合に限られています。これは、建物の贈与以前に有していた建物賃借人の敷地利用権の権能には変動がなく、依然として土地所有者の権能に属する使用権を有していると考えられるからです（最判昭41・５・19判時452・33）。

「使用貸借に係る土地についての相続及び贈与税の取扱いについて」（昭48・11・１直資２－189（例視）・直所２－76・直法２－92）４（使用貸借に係る土地等の上に存する建物等を相続又は贈与により取得した場合）においても、贈与前後において実態が変わらないこと等に配慮してその旨の取扱いが明記されています。

しかし、贈与後に賃借人の異動があった場合には、その時点において受贈者がその後の利用を意思決定するものであり、その敷地の地代等の支払がない場合には、原則として使用貸借であることからその敷地は自用地（更地）として評価することとされています。

そこで、贈与後に賃借人の異動が生じないように、贈与する以前に家族が主宰する不動産管理会社等に一括して賃貸します。そして、その会社が第三者に転貸していれば、賃借人は異動しないので、将来相続が発生したときのその敷地は「貸家建付地」として評価することができます。

対策メニュー

1　賃貸不動産の法人化　長　期

賃貸不動産を同族法人の不動産管理会社を通じて所得の分散を図るのであれば、建物だけの譲渡でその目的は達成できます。建物も時価で不動産管理会社へ譲渡することになりますが、建物の時価の判定では、原則として、未償却残高を時価と推定しても課税上のトラブルは生じないと思われることから譲渡所得は生じません。

(1)　不動産所有方式による相続対策のメリット

①　収入分散効果が大きいため毎年の所得税等や将来の相続税の軽減効果が期待できる

個人の不動産オーナーに帰属していた賃料収入が不動産管理会社の収入に置き換えられるので、収入の分散効果が大きいことが特長です。

②　相続手続が容易

不動産管理会社が賃貸不動産を所有して賃貸していることから、個人の不動産オーナーに相続が開始してもその建物の賃借人との賃貸借契約の変更は生じません。

一方、個人の不動産オーナーが株主である場合の相続手続では、会社に対して株主名簿の名義変更を申し出るだけで登記などの手続も必要がありません（取得原因が遺贈の場合で、その会社に譲渡制限が設けられているときには、承認機関の承認が必要です。）。

③　認知症対策にも効果的

建物だけが不動産管理会社の所有名義の場合、建物の名義は不動産管理会社であることから不動産オーナーが認知症を発症して意思能力がなくなっても日常の賃貸経営に支障は生じません。

④　税務調査で適正管理料についての争いがない

管理料徴収方式や転貸方式では、税務調査で適正管理料や管理実態について課税上の問題が生じることがありますが、所有方式の場合にはそれらの問題は生じません。

⑤　相続開始まで時間が長くある場合の相続対策の効果が大きい

相続開始まで10年以上の時間があれば相続税の軽減効果は相当大きなものになると予想されます。

【設　例】

1.　被相続人　父

2.　相続人　母・長男・長女

3.　父の財産と遺産分割

賃貸アパート　7,500万円

その他の資産　15,000万円

借入金　2,500万円（毎年元本250万円返済）

法定相続分どおり相続する。

4.　その他　賃貸アパートの収支差額　＋200万円/年が預金に積み上がると仮定。

5.　相続税の計算　（単位：万円）

	現　状	５年後	10年後
財　産	22,500	23,500	24,500
債　務	2,500	1,250	0
課税価格	20,000	22,250	24,500
相続税（配偶者の税額軽減後）	1,350	1,632	1,912

⑥　生前の遺産分けを実現

賃貸不動産を法人で所有する場合、その会社の株式を相続人へ生前に贈与しておけば、生前中に遺産分けを実現することができます。

複数の相続人がいる場合には、例えば、Ａ社は長男、Ｂ社は二男、Ｃ社は長女というように会社を分けて、それぞれの株式を生前贈与するようにします。株式の贈与であれば、評価額を引き下げて贈与することも、贈与する株式を毎年分割して少しずつ贈与することもできます。

相続税の納税資金も、それぞれの家族へ役員給与を支給して準備をしておくことや、法人の預金を一時流用して相続税に充てることも可能と考えられます。将来、生前贈与についての改正が行われ、暦年贈与が封じ込められることになっても、贈与の方法に代えて家族への給与によって財産を次世代に移すことが可能となります。

⑦　宅地を一つの評価単位にできる

アパート等の敷地の相続税評価額は、「貸家建付地」の場合の評価単位は、建物の敷地ごとにその宅地を評価することになります。しかし、一つの敷地に複数のアパート等が建っていても法人がそれらの建物を取得し、その敷地を「土地の無償返還に関する届出書」を提出し、かつ、賃貸借によって一体として賃借している場合には、その敷地はその法人への貸宅地として、一つの評価単位で評価されます。

このことによって、地積規模の大きな宅地として評価することができることもあります。

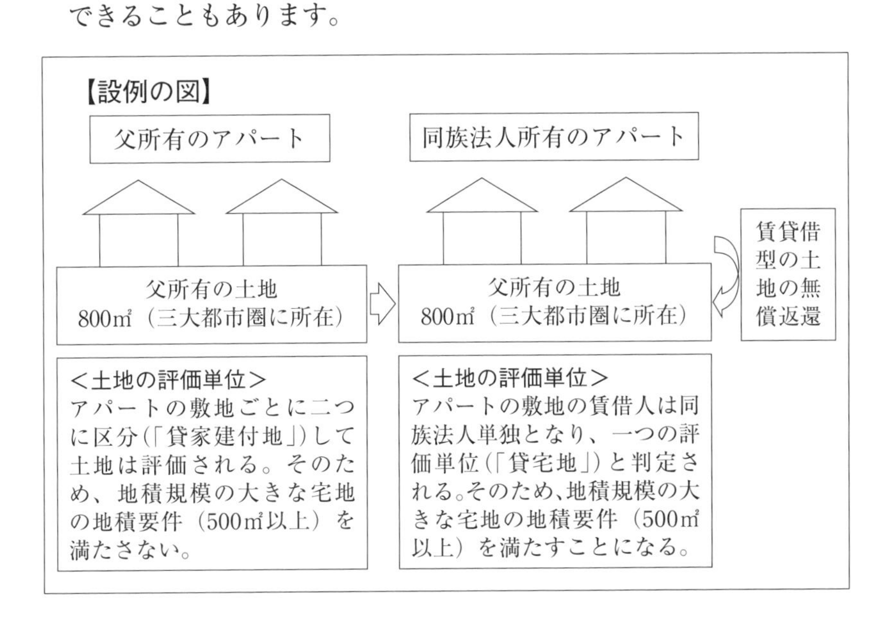

（２）　不動産所有方式による相続対策のデメリット

①　賃貸不動産を不動産管理会社へ譲渡する場合に、譲渡税が課されることがあります。

②　賃貸不動産を不動産管理会社へ移転する場合に、登録免許税や不動産取得税などの移転コストがかかります。

③　賃貸不動産を不動産管理会社が取得して３年以内に相続が開始すると、その不動産は通常の価額によって評価することとされているため、個人が取得した場合と比較して、その不動産の相続税評価額は高く評価されます。

④　個人で所有している不動産は、相続開始時の時価によって評価し相続税が課されます。

そのため、不動産の評価額が値下がりしたらその評価額が相続税の課税価格となります。

しかし、不動産管理会社へ不動産を譲渡した場合には、譲渡した時の価額で換金されていますので、不動産の値下がりがあっても相続税の課税価格に反映されません。

2　相続時精算課税によって高収益な賃貸不動産を贈与する
長　期

高収益な賃貸不動産を子や孫に贈与すると、その収益が子や孫に帰属し、その収益を蓄積しておけば相続発生時の納税資金の原資となります。さらに、所得の分散にも役立ち所得税の節税にもなります。

高収益な賃貸不動産を贈与しても、財産評価基本通達においては、その資産の収益性は考慮されませんので、その不動産を贈与することにより、時価よりもかなり低い相続税評価額で贈与することができます。

その場合、賃貸不動産の相続税評価額が高額となる場合には、相続時精算課税を活用して贈与税を軽減することも選択肢の一つです。

そこで、高収益な賃貸不動産を、相続時精算課税で贈与する場合の相続税の軽減効果や、活用の留意点などを設例によって検証してみます。

【設　例】

1.　親族図

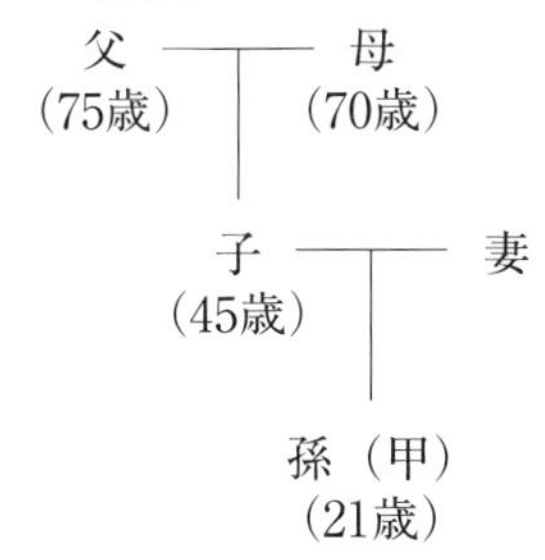

2.　父の財産（令和6年3月現在）

①　賃貸不動産　　1億円（年間収支差額　+　500万円）

②　その他の財産　4億円

③　財産の増減はないものとする。

④　父は令和18年４月に死亡すると仮定。

3．相続時精算課税による贈与（令和６年４月に実行）

①　子へ賃貸不動産を贈与する。

②　孫甲へ賃貸不動産を贈与する。

4．父の遺産分割

母は法定相続分（贈与があった場合には、なかったものとした金額（果実を除く）を基に計算する。）を相続し、残余は子が相続する。

（単位：万円）

	贈与なし		子へ精算課税で贈与		孫甲へ精算課税で贈与		
	母	子	母	子	母	子	孫甲
賃貸不動産	5,000	5,000	—	—	—	—	—
同上果実	3,000	3,000	—	—	—	—	—
その他の財産	20,000	20,000	25,000	15,000	25,000	15,000	—
相続時精算課税適用財産	—	—	—	10,000	—	—	10,000
課税価格	28,000	28,000	25,000	25,000	25,000	15,000	10,000
基礎控除額	4,200		4,200		4,200		
課税遺産総額	51,800		45,800		45,800		
相続税の総額	17,910		15,210		15,210		
各人の算出税額	8,955	8,955	7,605	7,605	7,605	4,563	3,042

相続税額の２割加算	－	－	－	－	－	－	608
配偶者の税額軽減	△8,955	－	△7,605	－	△7,605	－	－
相続時精算課税分の贈与税額控除	－	－	－	△1,500	－	－	△1,500
納付税額	0	8,955	0	6,105	0	4,563	2,150
合　計（相続税＋贈与税）	8,955		7,605		8,213		

贈与を行わなかった場合の相続税と、子へ相続時精算課税により贈与したときを比較すると、贈与したときの税負担が1,350万円（8,955万円 － 7,605万円）軽減されています。また、孫甲へ相続時精算課税により贈与した場合も、同様に742万円軽減されます。

さらに、毎年の所得税も父よりも受贈者の所得が低ければ毎年軽減されることになります。その上、第二次相続（母の相続）でも、母が相続する財産が少なくなることから、母の固有財産がないものと仮定して計算すると母の課税価格2.8億円に対する相続税が対策前は8,280万円となるのに対して、子へ相続時精算課税贈与を実行しておけば課税価格は2.5億円となり、相続税は6,930万円に軽減されます。

賃貸不動産を贈与する場合の留意点として、不動産の賃借人から敷金を預かっている場合に、その建物を贈与すると敷金の返還義務が新所有者に引き継がれます。このことは、負担付贈与に該当するため、敷金に相当する現金の贈与を同時に行えば、実質的に負担付贈与に該当しないものとして取り扱われます。

負担付贈与に該当すると、贈与された財産が土地や借地権などである場合及び家屋や構築物などである場合には、相続税評価額はその贈与の時における通常の取引価額に相当する金額から負担額を控除した価額によることになっています。

3　賃貸建物だけを子へ贈与する　短　期

賃貸不動産（土地及び建物）を贈与しようとすると贈与価額が高くなります。そこで、賃貸建物だけを親から子などへ贈与すれば贈与税の負担も軽減され、かつ、賃貸建物から生じる賃料収入は受贈者に帰属することになります。この場合に賃貸建物の敷地は親子間で使用貸借としておくことができます。

留意すべき点は、「負担付贈与」に該当しないよう賃借人から預かっている敷金は、敷金に相当する現金の贈与を同時に行うことの他、賃貸建物の敷地が贈与を受ける前は「貸家建付地」であったものが、贈与後に賃借人の異動があったことに伴い「自用地」として評価されないよう事前の対策を実行してから贈与することです。

【設　例】

1．贈与財産

父が所有するアパート（10室・相続税評価額500万円）を、長男が主宰する同族法人が一括借上契約（サブリース）をした後に、アパートを長男へ贈与する。

なお、賃借人からの敷金60万円があるため、同額の現金を贈与する。

2．父の相続

父は令和６年３月に死亡し、相続人は長男１人。

3．父の財産

①　上記1.のアパートの敷地　4,000万円（自用地評価額・借地権割合50％）

②　その他の財産　6,000万円

4．その他

アパートの贈与を受けた後から父の相続開始までの間に賃借人が５室異動している。

5．父の相続税　（単位：万円）

	サブリース後の贈与	サブリースでないままの贈与
アパートの敷地	（注1）3,400	（注2）3,700
その他の財産	6,000	6,000
課税価格	9,400	9,700
相続税の総額	1,040	1,130

（注1）4,000万円 ×（1 － 0.5（借地権割合） × 0.3（借家権割合））＝ 3,400万円

（注2）4,000万円 × 1/2 ×（1 － 0.5（借地権割合） × 0.3（借家権割合））＋ 4,000万円 × 1/2 ＝ 3,700万円

上記設例の場合、アパートの贈与前にサブリース契約をしてから贈与したことで、贈与後から父の相続開始までの間の賃借人に異動は生じないため、アパート贈与前の状態（貸家建付地）が維持されることになります。その結果、相続税がサブリースがなかった場合と比較すると軽減されることになります。

4 小規模宅地等の特例対象宅地等についての選択同意

短　期

小規模宅地等の特例は、個人が、相続や遺贈によって取得した財産のうち、その相続開始の直前において被相続人又は被相続人と生計を一にしていた被相続人の親族の事業の用又は居住の用に供されていた宅地等のうち一定のもの（この特例の対象となる全ての宅地等を「特例対象宅地等」といいます。）がある場合には、その宅地等のうち一定の面積（特定居住用宅地等は330㎡、特定事業用等宅地等は400㎡、貸付事業用宅地等は200㎡）までの部分については、相続税の課税価格に算入すべき価額の計算上、一定の割合を減額（特定居住用宅地等及び特定事業用等宅地等は80％、貸付事業用宅地等は50％）することができます。

この特例は、配偶者の税額軽減と並んで、相続税の申告において最も多く利用されている特例といえます。そのため、特例の適用要件を遺言書などで満たすような対策を実行しておくことが大切です。

この特例の適用要件のうちに、特例対象宅地等を相続した全員による選択同意が必要とされています。

遺言書による特定遺贈財産は、受遺者が受遺の意思表示をした場合には、相続開始と同時に受遺者に確定的に帰属することから、遺言書どおり相続する場合には、他に未分割財産である特例対象宅地等があるときには、期限内申告において共同相続人全員の選択同意が必要となります。

そのため、相続税の申告期限後において未分割財産である特例対象宅地等について、遺産分割協議が調ったとしても、遺贈によって取得した宅地等については「更正の請求」によってもこの特例の適用を受けることはできません。

小規模宅地等の特例は、適用を受けようとする宅地等が、原則として、相続税の申告期限までに分割されていることが要件とされています。そのため、特例対象宅地等について、遺言書で相続人に対して「相続させる」と記載しておくことがポイントです。

「相続させる」旨の遺言においては、「何らの行為を要せずして、被相続人の死亡の時に直ちに当該遺産が当該相続人に相続により承継されるものと解すべき」（最判平３・４・19判時1384・24）との解釈が定着しています。そのため、遺産争いが生じて、遺言書に記載のない特例対象宅地等がある場合には、その宅地等は共同相続人全員による共有状態にあることから、小規模宅地等の特例の選択に当たっては、遺言書で取得した相続人等を含め、共同相続人全員の同意が必要とされます（東京地判平28・７・22税資266（順号12889）、租特令40の２⑤三）。

（※）上記東京地裁判決以外にも、徳島地裁平成15年10月31日判決（税資253（順号9463））において、選択同意書の添付がなかったケースで、選択の同意をしない相続人の取得した特例対象宅地等の面積を除外した残面積について、特例の適用を受けることができる旨を主張しましたが認められませんでした。

なお、特例対象宅地等を相続した相続人等の全員の同意が得られない場合に、相続させるとしている宅地等についてその相続人が遺贈の放棄を行い、特例対象宅地等の全てを未分割の状態に戻し、「申告期限後３年以内の分割見込書」を添付した上で、申告期限までに分割されなかった財産について申告期限から３年以内に分割されたときは、小規模宅地等の特例の適用を受けることができます（租特69の４④）。

しかし、遺贈の放棄をした者がその後の遺産分割協議において、その宅地等を相続することができるとは限らないことに留意しておかなければなりません。

【設　例】

1．被相続人　父（令和6年3月死亡）

2．相続人　長男（事業承継者）・長女

3．父の財産

①　特定事業用宅地等（400㎡）　10,000万円（遺言書で長男に相続させるとしている。）

②　貸付事業用宅地等（200㎡）　500万円

③　その他の財産　3,500万円

4．遺産分割

以下のいずれかの分割があったものと仮定する。

①　令和6年12月に分割協議が調い、長男が特定事業用宅地等を、長女が貸付事業用宅地等とその他の財産を相続し、特定事業用宅地等から小規模宅地等の特例を選択することに同意があった。

②　長男は遺言書に従って特定事業用宅地等を相続したが、相続税の申告期限までに小規模宅地等の特例の選択について同意が得られず、令和7年4月、遺言書で指定のない財産は長女が相続することになったが、長女が相続した宅地等から小規模宅地等の特例の選択同意は得られなかった。

5．相続税の計算　（単位：万円）

	4.①（分割・選択同意あり）		4.②（未分割・選択同意なし）（※）	
	長男	長女	長男	長女
特定事業用宅地等	10,000	―	10,000	―
貸付事業用宅地等	―	500	―	500
小規模宅地等の特例	△8,000	―	―	―
その他の財産	―	3,500	―	3,500
課税価格	2,000	4,000	10,000	4,000
相続税の総額	180		1,560	

各人の算出税額	60	120	1,114	446

(※)この設例の場合、長男は特定事業用宅地等について「更正の請求」によっても小規模宅地等の適用を受けることができません。しかし、貸付事業用宅地等については、分割協議が調った後に、長男の同意があれば長女はこの特例の適用を受けることができます。

【参　考】前掲東京地裁判決の概要（選択同意についての判決）

1．　被相続人　母（平成22年2月27日死亡）

2．　相続人　長男（母と同一生計）・長女・二女・三女

3．　主な相続財産

①　東京都北区　土地1,278.21㎡
（長男の診療所として利用・母の持分457/1000）

②　同上　建物（母の持分457/1000）

③　川口市　土地533㎡（共同住宅の敷地・母の持分1/5）

④　同上　共同住宅2棟

4．　遺言書の内容

東京都北区の土地建物を長男へ相続させる。

5．　相続税の申告

長男は、東京都北区の土地建物については、遺言書により取得し、特定事業用宅地等の特例を選択して相続税の期限内申告を行った。しかし、申告期限において分割された財産は東京都北区の土地建物のみであり、川口市の土地建物は未分割で、小規模宅地等の特例の適用に当たって、共同相続人全員の同意は得られていない。

<相続財産の内訳>

財産の内訳	相続税評価額	てん末
東京都北区土地	1億6,143万円	遺言書で長男が相続
東京都北区建物	77万円	同上
川口市土地建物等	2,982万円	未分割財産

相続時精算課税適用財産	2億2,949万円	受贈者・長男
債務等差額	△517万円	未分割財産
課税価格	4億1,634万円	－

6. 小石川税務署による課税処分

未分割財産である川口市の土地は、共同相続人の共有に属していると認められる。小規模宅地等の特例の適用は、特例対象宅地等の全てを相続した全員の選択同意書の添付が必要であり、本件は適用要件を欠くことから小規模宅地等の特例の適用を受けることはできない。

7. 東京地裁の判断

川口市の土地は未分割財産であり、共同相続人の共有に属している。川口市の土地は特例対象宅地等（貸付事業用宅地等）に該当することから、すべての相続人の選択同意書を相続税の申告書に添付して行わなければならないので、本件特例の適用を受けることはできない。

(※)控訴審の東京高裁平成29年１月26日判決（税資267（順号12970））でも同様の判決となっている。

5 配偶者と同居する相続人が賃貸マンション等を相続し、相続税の申告期限後に建物を配偶者へ時価で譲渡する 相続後

被相続人父の賃貸マンションを長男が相続し、その敷地について「貸付事業用宅地等」として小規模宅地等の特例の適用を受けて、相続税の申告期限後に生計を一にする母に賃貸建物だけを時価で譲渡することとします。また、その賃貸マンションの敷地の貸借については、相当の地代を支払い、3年ごとの改訂方式とします。

このことによって、母は取得した賃貸マンションの時価と相続税評価額との差額によって相続財産を圧縮することにつながり、かつ、その敷地について相当の地代を長男へ支払うことによって現金も減少することが期待されます。

【設　例】

1．被相続人　父（令和6年3月死亡）
2．相続人　母・長男（父母と同居）
3．相続財産と遺産分割　（単位：万円）

相続財産	相続人		摘　要
	母	長　男	
居住用不動産	3,000	—	—
賃貸マンション（建物）	—	4,000	12室・時価9,200万円
賃貸マンション（敷地200㎡）	—	8,000	貸付事業用宅地等に該当
現預金	10,000	6,000	—
その他の財産	5,000	—	—

4.　相続税の計算　（単位：万円）

相続財産	母	長　男
居住用不動産	3,000	—
賃貸マンション（建物）	—	4,000
賃貸マンション（敷地200㎡）	—	8,000
小規模宅地等の特例	—	△4,000
現預金	10,000	6,000
その他の財産	5,000	—
課税価格	18,000	14,000
相続税の総額	7,720	
各人の算出税額	4,342	3,378
配偶者の税額軽減	△3,860	—
納付税額	482	3,378

5.　母の相続対策

①　長男が父から相続した賃貸マンションを令和7年3月に時価9,000万円（＝未償却残高）で母に譲渡する。

②　賃貸マンションの敷地の貸借は「相当地代方式」による改訂型とする。相当の地代の額は、土地の更地価額のおおむね年6％とされることから年600万円を母から長男へ支払うこととする。

6.　母の相続対策の留意点

①　長男が相続した賃貸マンションの敷地について、貸付事業用宅地等として小規模宅地等の特例の適用を受けた場合には、父の貸付事業（賃借人との間の貸家事業）を相続税の申告期限まで継続しなければならないため、相続税の申告期限後に母に賃貸マンションを譲渡する必要があります。

②　母は、長男から時価によって取得した賃貸マンションの相続税評価額は、固定資産税評価額を基に評価することになるため、時価と相続税評価額の差額が発生し、相続財産の評価額の圧縮効果

が期待されます。

③　母は、取得した賃貸マンションの敷地については、長男との間で「相当地代方式（地代改訂方式）」を選択していることから、母の相続の際には、その土地に対する権利は生じないことになります。

④　母は、賃貸マンションを取得したことにより賃料収入が増加することになりますが、年間600万円の地代の支払が必要となるため、財産の増加はないものと思われます。その場合、同一生計の長男への地代の支払については、母は不動産所得（貸室が12室あるため事業的規模と判定されます。）の計算上必要経費に算入することができない反面、長男が収受する地代については、所得税等は課税されないこととされます（所税56）。

【所得税法】

（事業から対価を受ける親族がある場合の必要経費の特例）

第56条　居住者と生計を一にする配偶者その他の親族がその居住者の営む不動産所得、事業所得又は山林所得を生ずべき事業に従事したことその他の事由により当該事業から対価の支払を受ける場合には、その対価に相当する金額は、その居住者の当該事業に係る不動産所得の金額、事業所得の金額又は山林所得の金額の計算上、必要経費に算入しないものとし、かつ、その親族のその対価に係る各種所得の金額の計算上必要経費に算入されるべき金額は、その居住者の当該事業に係る不動産所得の金額、事業所得の金額又は山林所得の金額の計算上、必要経費に算入する。この場合において、その親族が支払を受けた対価の額及びその親族のその対価に係る各種所得の金額の計算上必要経費に算入されるべき金額は、当該各種所得の金額の計算上ないものとみなす。（下線は筆者）

３　未利用地

対策メニュー	
長　期	アパートの建築 ⇒ 1
短　期　相続後	地積規模の大きな宅地に該当するようにする ⇒ 2
短　期	賃料収入の帰属を明らかにしておく ⇒ 3
短　期	貸宅地を同族法人へ売却する ⇒ 4
短　期	小規模宅地等の特例の適用要件を満たす ⇒ 5
相続後	未利用地を分割して異なる相続人が相続する ⇒ 6

Point

不動産は、取得のとき、保有しているとき、譲渡や相続等するときのいずれの場合にも税負担が求められます。

不動産を保有し続けるためにも、有効活用を通じて税負担の軽減を図ることが必須となります。土地活用ではアパート建築が多く行われていますが、誰の名義で建築することが最も効果を得ることができるのか事前に検討し、かつ、アパート建築に伴う土地の評価単位にも留意しておかなければなりません。

相続開始後の遺産分割においても、相続人間で共有による相続か、分割して相続するかによっても土地の評価額が異なることもあります。

専門家のアドバイスを得て有利な選択をすることが賢明です。

解　説

（1）　地積規模の大きな宅地

地積規模の大きな宅地とは、三大都市圏においては500㎡以上の地積の宅地、三大都市圏以外の地域においては1,000㎡以上の地積の宅地をいいます（評基通20－2）。

また、路線価地域に所在する場合、「地積規模の大きな宅地の評価」の対象となる宅地は、路線価に、奥行価格補正率や不整形地補正率などの各種画地補正率のほか、規模格差補正率を乗じて求めた価額に、その宅地の地積を乗じて計算した価額によって評価します。

> 評価額 ＝ 路線価 × 奥行価格補正率 × 不整形地補正率などの各種画地補正率 × 規模格差補正率 × 地積（㎡）

規模格差補正率は、次の算式により計算します（小数点以下第2位未満は切り捨てます。）。

> 規模格差補正率 ＝ $\dfrac{Ⓐ \times Ⓑ + Ⓒ}{地積規模の大きな宅地の地積（Ⓐ）}$ ×0.8

上記算式中の「Ⓑ」及び「Ⓒ」は、地積規模の大きな宅地の所在する地域に応じて、それぞれ次に掲げる表のとおりです。

①　三大都市圏に所在する宅地

地　積	普通商業・併用住宅地区、普通住宅地区	
	Ⓑ	Ⓒ
500㎡以上1,000㎡未満	0.95	25
1,000㎡以上3,000㎡未満	0.90	75
3,000㎡以上5,000㎡未満	0.85	225
5,000㎡以上	0.80	475

②　三大都市圏以外の地域に所在する宅地

地積	普通商業・併用住宅地区、普通住宅地区	
	Ⓑ	Ⓒ
1,000㎡以上3,000㎡未満	0.90	100
3,000㎡以上5,000㎡未満	0.85	250
5,000㎡以上	0.80	500

「地積規模の大きな宅地の評価」の対象となる宅地は、路線価地域に所在するものについては、地積規模の大きな宅地のうち、「普通商業・併用住宅地区」及び「普通住宅地区」に所在するものとなります（評基通20－２）。

そのため、評価対象となる宅地が「中小工場地区」などに所在すると「地積規模の大きな宅地の評価」を適用することができません。

また、指定容積率が400％（東京都の特別区においては300％）以上の地域に所在する宅地は除かれることとされています（評基通20－２(３)）。

＜「地積規模の大きな宅地の評価」の適用対象の判定のためのフローチャート＞

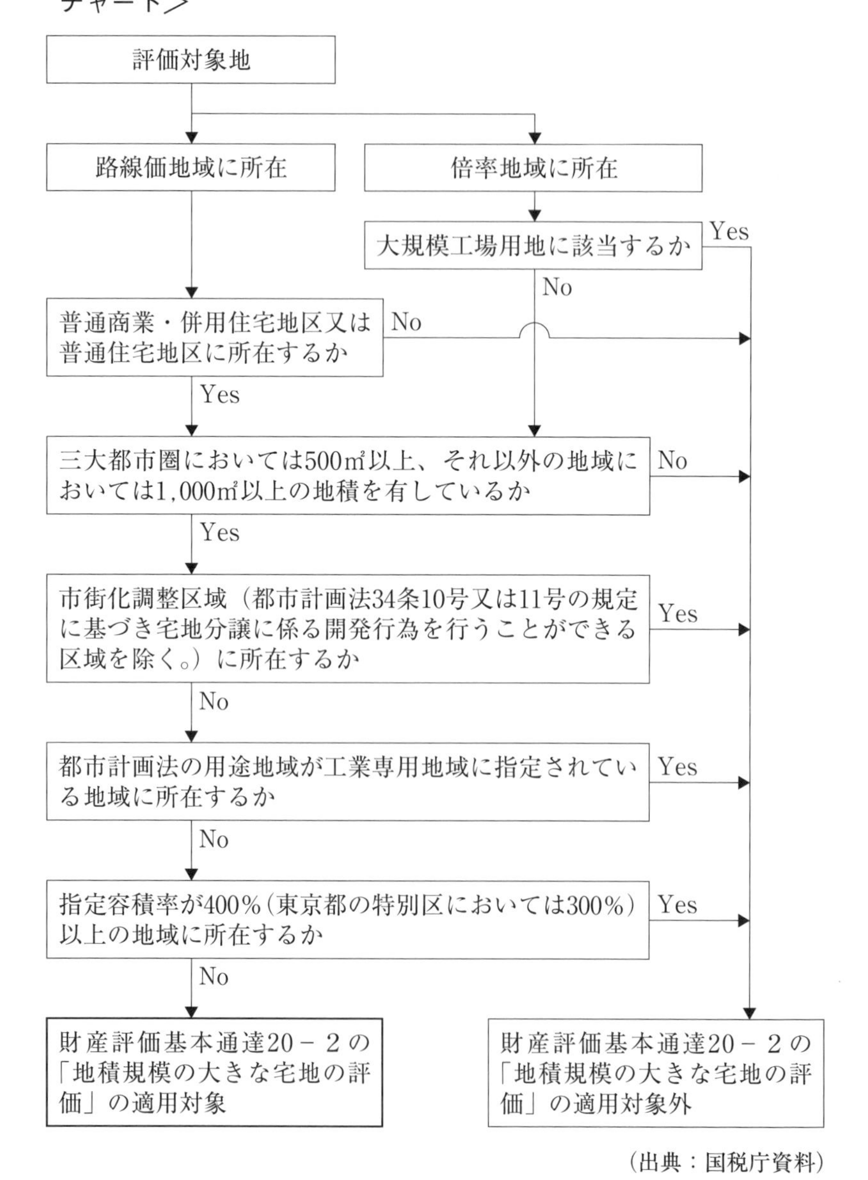

（出典：国税庁資料）

（2）　土地の評価単位

宅地は、1画地の宅地（利用の単位となっている1区画の宅地をいいます。）を評価単位とします。

この1画地の宅地は、必ずしも不動産登記法上の1筆の宅地からなるとは限らず、2筆以上の宅地からなる場合もあり、1筆の宅地が2画地以上の宅地として利用されている場合もあることに留意しなければなりません（評基通7－2(注)1）。

なお、相続、遺贈又は贈与により取得した土地等の評価単位については、原則としてその取得した土地等ごとに判定します。

＜判定基準＞

①　所有する宅地を自ら使用している場合

居住の用か事業の用かにかかわらず、その全体を1画地の宅地とします。

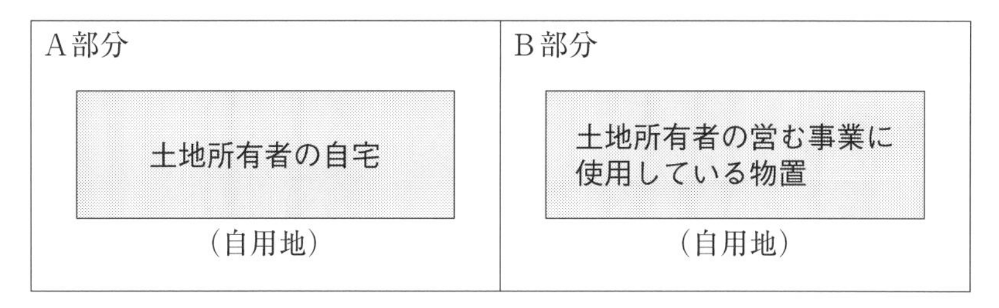

＊A部分とB部分を合わせて1画地として評価する。

②　所有する宅地の一部について借地権を設定させ、他の部分を自己が使用している場合

それぞれの部分を1画地の宅地とします。一部を貸家の敷地、他の部分を自己が使用している場合にも同様とします。

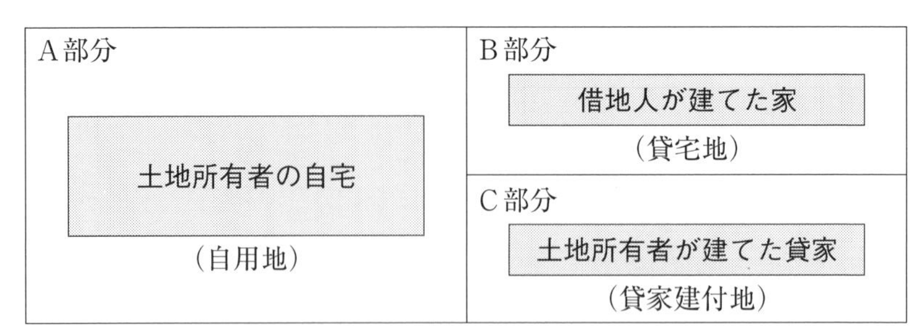

＊A部分・B部分・C部分はそれぞれ別の画地として評価する。

③　所有する宅地の一部について借地権を設定させ、他の部分を貸家の敷地の用に供している場合

それぞれの部分を１画地の宅地とします。

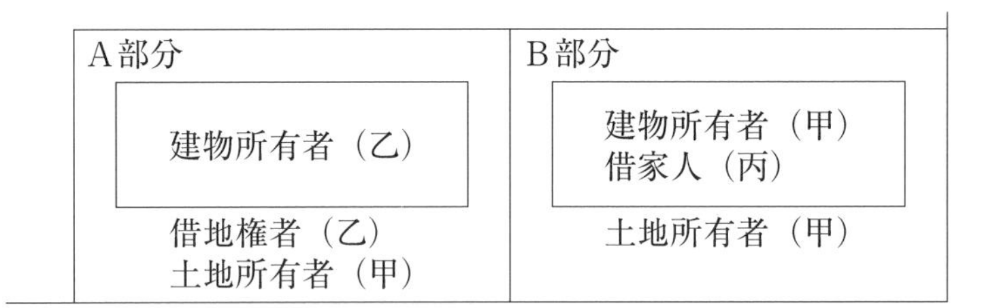

＊A部分には借地権が、B部分には借家権という他人の権利が存し、また、権利を有する者（借地権者、借家権者）が異なることから、利用の単位はそれぞれ異なると認められるため、別個に評価する。

④　借地権の目的となっている宅地を評価する場合

貸付先が複数であるときには、同一人に貸し付けられている部分ごとに１画地の宅地とします。

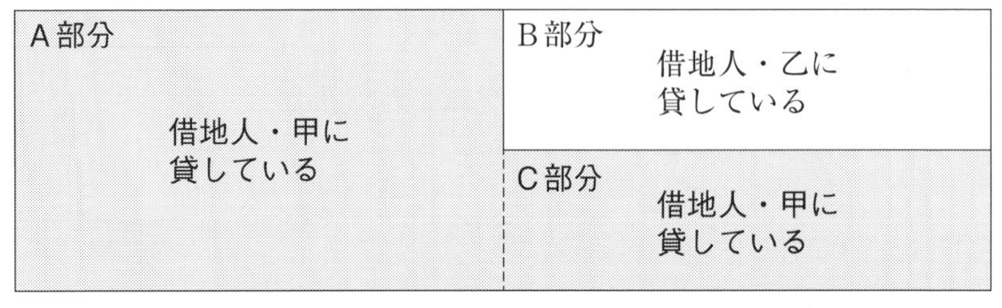

＊A部分・C部分を合わせて１画地、B部分を１画地として評価する。

⑤　貸家建付地（貸家の敷地の用に供されている宅地をいいます。）を評価する場合

貸家が数棟あるときには、原則として、各棟の敷地ごとに１画地の宅地とします。

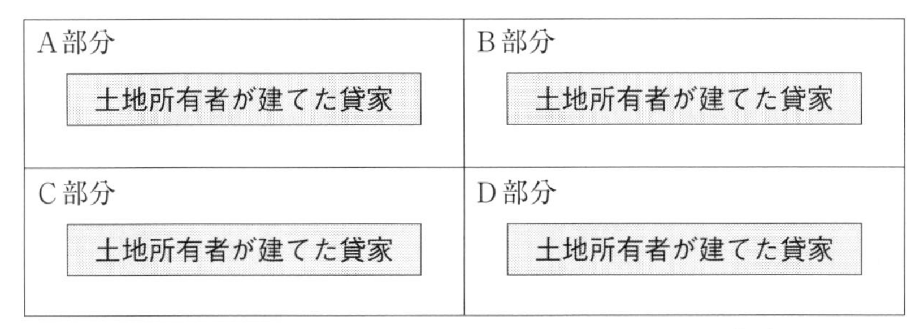

＊A部分・B部分・C部分・D部分をそれぞれ１画地として評価する。

⑥　２以上の者から隣接している土地を借りて、これを一体として利用している場合

借主の借地権の評価に当たっては、その全体を１画地として評価します。この場合、貸主側の貸宅地の評価に当たっては、各貸主の所有する部分ごとに区分して、それぞれを１画地の宅地として評価します。

<table>
<tr><td colspan="2">C部分
借地人（甲）</td></tr>
<tr><td>A部分
土地所有者（乙）</td><td>B部分
土地所有者（丙）</td></tr>
</table>

＊C部分は、１画地の借地権として評価する。
A部分及びB部分は、それぞれの部分を１画地の貸宅地として評価する。

⑦　相続等により取得した土地の場合

取得者が取得した土地ごとに評価します。

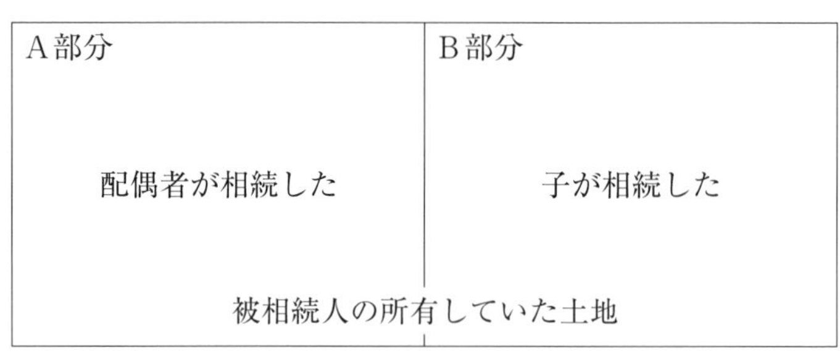

＊Ａ部分とＢ部分はそれぞれ１画地として評価する。

対策メニュー

1　アパートの建築　長　期

（1）　家屋の相続税評価額

相続税法上、家屋の評価額は、次のようになります。

相続税評価額	=	固定資産税評価額（注1）	×	（1	−	借家権割合（注2）	×	賃貸割合（注3））

（注1）一般的に建築価格の50％～60％とされています。
（注2）30％とされています。
（注3）満室で100％となります。

例えば、アパートを1億円で建築した場合、固定資産税評価額が6,000万円、賃貸割合が100％とすると、アパートの評価額は、4,200万円（6,000万円 ×（1 − 0.3 × 100％））になります。

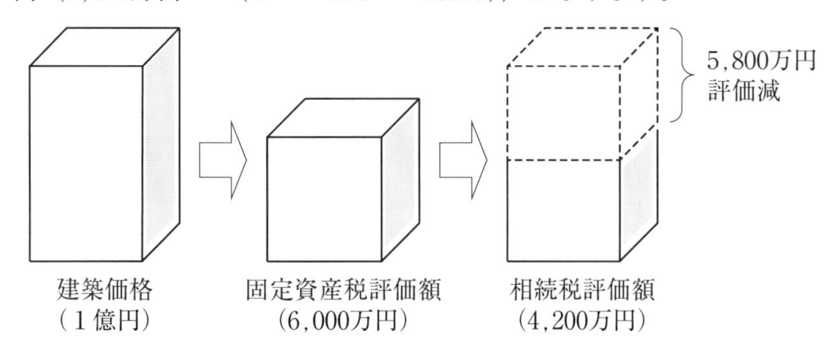

（2）　土地の相続税評価額

土地の相続税評価額は、アパート等の敷地や自宅などの利用形態によって変わります。

何も利用されていない更地や自宅利用であれば「自用地」として評

価されますが、アパートなどの敷地であれば、その土地は利用上の制約を受けることから、「貸家建付地」として一定の割合を控除することとしています。

＜更地の場合の評価＞

相続税評価額 ＝ 自用地価額（更地の価格）

＜アパートの敷地の評価＞

相続税評価額 ＝ 自用地価額 ×（１ － 借地権割合（※） × 借家権割合 × 賃貸割合）

（※）借地権割合とは、地域・路線ごとに定められていて、実際の割合は国税庁のHP等で確認できます。

例えば、１億円の土地（借地権割合：60%　賃貸割合：100%）の上にアパートを建設すると、１億円 ×（１ － 60% × 30% × 100%）＝ 8,200万円となります。

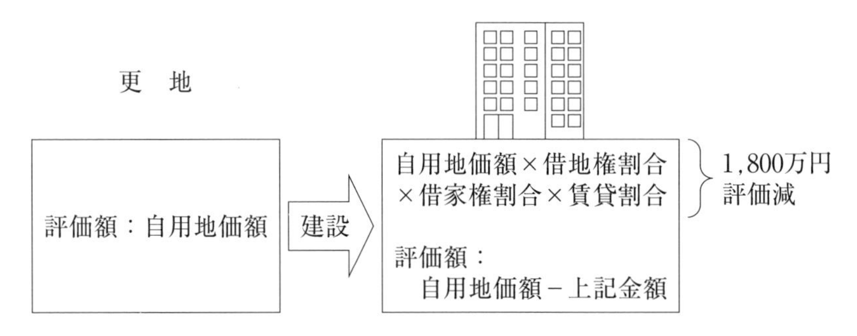

＜アパート建設前後の相続財産の比較：建築資金は全額銀行借入れの場合＞

相続財産	建設前	建設後	増減額
その他の財産	15,000万円	15,000万円	15,000万円
土　地	10,000万円	8,200万円	△1,800万円
建　物	0円	4,200万円	4,200万円

債務（借入金）	0円	△10,000万円	△10,000万円
相続財産の合計	25,000万円	17,400万円	7,400万円

上記のように、アパートを建設することにより土地の評価額が下がり、更に建物の時価と相続税評価額の差額により全体の相続財産を圧縮することができ、その結果として相続税が安くなります。

2 地積規模の大きな宅地に該当するようにする 短　期 相続後

地積規模の大きな宅地の評価を適用する場合の正面路線価は、路線価に各路線の地区に適用される奥行価格補正率を乗じて計算した金額の高い路線で判定します。その場合、正面路線の地区区分が2以上ある場合には、その宅地の全部がその宅地の過半の属する用途地域に所在するものと判定します（国税庁質疑応答事例「正面路線が2以上の地区にわたる場合の地区の判定」）。また、用途地域の判定は、評価対象となる宅地が2以上の用途地域にわたる場合には、その宅地の全部がその宅地の過半の属する用途地域に所在するものと判定されます。

地積規模の大きな宅地の地積は、土地の評価単位によって異なりますので、判定に留意しておかなければなりません。

そこで、中小工場地区と普通住宅地区が混在する土地を青空駐車場として利用していた場合の遺産分割について相続税の軽減効果を設例で確認します。

【設　例】正面路線と二方路線とで地区区分が異なる場合の判定

1.　被相続人　父（令和6年3月死亡）

2.　相続人　　長男・長女

3．父所有の土地

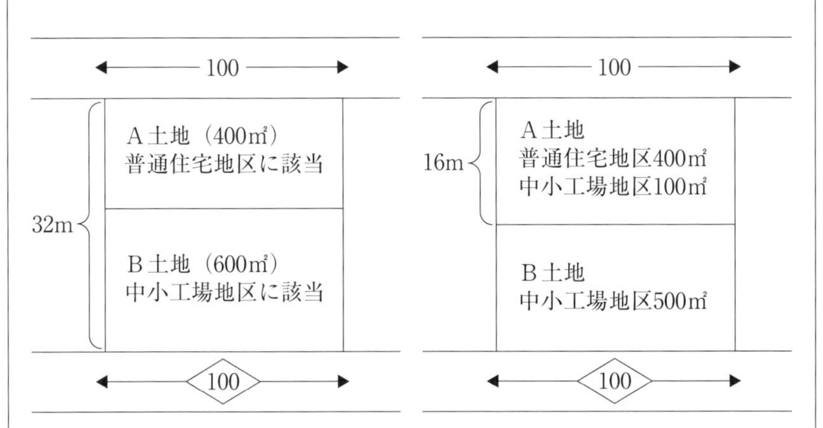

① 三大都市圏に所在（地積1,000㎡：容積率200％）

② 中小工場地区600㎡と普通住宅地区400㎡が混在する土地

③ 現況　青空駐車場

4．遺産分割

（1）長男が現況のまま相続する。

（2）長男がA土地を、長女がB土地を分割して相続する。

5．土地の相続税評価額

（1）長男が現況のまま相続する場合

① 正面路線の判定

・普通住宅地区

100千円 × 0.93（奥行価格補正率（※））＝ 93千円

・中小工場地区

100千円 × 1.00（奥行価格補正率（※））＝ 100千円

∴ 中小工場地区として判定

（※）奥行価格補正率は、普通住宅地区は、10m以上24m未満の場合は1.0、32m以上36m未満の場合は0.93、中小工場地区は、16m以上20m未満の場合は0.99、20m以上60m未満の場合は1.0とされています。

② 評価金額

(10万円 + 10万円 × 1.0(中小工場地区の奥行価格補正率) × 0.02 (二方路線影響加算率 (※))) × 1,000㎡

= 10,200万円

(※)中小工場地区 (正面路線の地区区分で判定) における二方路線影響加算率は「0.02」とされています。その他の補正はないものと仮定します。

(2) 二分割して相続する場合

① A土地

10万円 × 1.0 (普通住宅地区の奥行価格補正率) × 500㎡ × 0.8 (※) = 4,000万円

(※)規模格差補正率 (500㎡ × 0.95 + 25) ÷ 500㎡ × 0.8 = 0.8

② B土地

10万円 × 0.99 (中小工場地区の奥行価格補正率) × 500㎡ = 4,950万円

③ ① + ② = 8,950万円

※長男が現況のまま土地を相続すると、正面路線価は「中小工場地区」に該当し、地積規模の大きな宅地に該当しません。しかし、遺産分割によって宅地を二分割して、長男と長女がそれぞれ相続すると、宅地の評価単位は二つに区分して評価され、A土地については、普通住宅地区と中小工場地区の混在する土地に該当しますが、普通住宅地区の面積が過半となり、三大都市圏に所在し、面積が500㎡以上であることから、地積規模の大きな宅地の評価を適用することができます。

6. 効果の確認

土地を分割して相続することによって、その宅地の評価額は10,200万円 − 8,950万円 = 1,250万円軽減されます。

3 賃料収入の帰属を明らかにしておく 短　期

遺言書が残されていないと、遺産分割協議が調うまでの間の賃料収入は、各相続人の法定相続分に応じてそれぞれ帰属するとされています。

遺産分割の効力は相続開始時点に遡って効力を生じますが、その相続財産から生じる財産は、その相続財産とは別の財産であると考えることになります。よって、遺産分割協議により確定したその相続財産と紐付きで分割されず、各相続人が法定相続分で取得することになります。

なお、賃料も相続財産から生じる果実ですので、遺産分割協議で配分方法を決めることは可能です。ただし、所得税の申告においては、遺産分割協議が確定するまでは共同相続人がその法定相続分に応じて申告することとなり、申告後に分割が確定した場合であっても、その効果は未分割期間中の所得の帰属に影響を及ぼすものではないとして、分割の確定を理由とする更正の請求や修正申告を行うことは認められていません。

＜未分割遺産から生じる賃料収入の帰属＞（最判平17・9・8判時1913・62）

【事案の概要】

亡Ａは賃貸不動産をいくつか所有していた。遺産分割協議等により各不動産の帰属が決まるまでは、相続人全員が共同して管理する共同口座に各不動産の賃料を保管し、遺産分割協議により各不動産の帰属が決まった時点で、精算を行うことで暫定的合意が成立していた。

その後、家庭裁判所の審判により各不動産の帰属が確定した。この場合において、不動産の帰属が確定するまでの間に共同口座に貯められた賃料債権の帰属について争った事案となる。

原審では、遺産から生ずる法定果実は、それ自体は遺産ではないが、遺産の所有権が帰属する者にその果実を取得する権利も帰属するのであるから、遺産分割の効力が相続開始の時にさかのぼる以上、遺産分割によって特定の財産を取得した者は、相続開始後に当該財産から生ずる法定果実を取得することができると判断した。そうすると、本件各不動産から生じた賃料債権は、相続開始の時にさかのぼって、本件遺産分割決定により本件各不動産を取得した各相続人にそれぞれ帰属することとなる。

しかし、最高裁判所は、遺産は、相続人が複数人である場合、相続開始から遺産分割までの間、共同相続人の共有に属するものであるから、この間に遺産である賃貸不動産を使用管理した結果生ずる金銭債権たる賃料債権は、遺産とは別個の財産というべきであって、各共同相続人がその相続分に応じて分割単独債権として確定的に取得するものと解するのが相当であると判断した。

【要　旨】

遺産分割は、相続開始の時にさかのぼってその効力を生ずるものであるが、各共同相続人がその相続分に応じて分割単独債権として確定的に取得した賃料債権の帰属は、後にされた遺産分割の影響を受けないものというべきである。

※所得税の課税においても、未分割の遺産は、各相続人の共有に属するもの（民898）とされており、その共有割合は、「法定相続分」（代襲相続分を含みます。）とされていることから、各相続人に帰属する不動産所得の金額は、「法定相続分」で計算し、それぞれ申告することとされています。

【設　例】

1. 被相続人　父（令和６年３月死亡）
2. 相続人　長男・二男・長女
3. 父の賃貸不動産の年間収支

（単位：万円）

	収入	支出	差額
アパート	1,000	400	600

青空駐車場	250	50	200
賃貸マンション	1,860	2,000	△140
合　計	3,110	2,450	660

＊父と長男は同一生計で、賃貸物件の管理・運用などを行い、不動産賃貸業で生計を維持している。一方、二男及び長女は、父と別生計で、父の賃貸収入に関係なく生活が維持できている。

4．遺産分割

①　遺言書が残されていない場合で遺産分割協議が調わず、法定相続分で分けるとき

②　遺言書が残されていて全て長男に相続させるとしている場合

（単位：万円）

	①の場合			②の場合
	長男	二男	長女	長男
収支差額の帰属	220	220	220	660

以上のように、遺言書が残されていない場合、長男は賃貸不動産の収入の一部しか取得することができなくなり、生活に困窮することになります。そうすると、じっくりと時間をかけて遺産分割協議をする余裕がなくなり、二男又は長女に対して相当な譲歩をしないと分割協議が調わないことも予想されます。

一方、遺言書が残されていたならば、たとえ、二男又は長女から遺留分侵害額の請求があったとしても、令和元年7月1日以後に開始した相続であれば、原則として、金銭によって弁償することになります。遺言書があれば毎年の安定した収入は長男に帰属することとなるため、余裕をもって遺留分の請求に対応することができます。

4 貸宅地を同族法人へ売却する 短　期

貸宅地の相続税評価は、「自用地の評価額－借地権の評価額＝貸宅地の評価額」となります。

これは、財産評価基本通達25の定める借地権価額控除方式は、底地の価額をその地域の借地権取引の状況等を踏まえて定められた借地権割合を乗じて算定される当該土地の借地権価額との相関関係において捉え、自用地としての価額から借地権価額を控除して残余の土地の経済的価値を把握しようとするものであり、このような考え方は、底地の客観的交換価値に接近する方法として相応の合理性を有すること、他方で、低廉な地代を基準とした収益価格による算定を標準として底地の時価とみる方法は相当ではないというべきことに加え、底地の価額や借地権価額の算定の前提である自用地としての価額の基礎となる路線価の付設に当たっては、評価の安全性を考慮して各年１月１日時点の公示価格と同水準の価格のおおむね80％程度を目途として評定するという控え目な運用が行われており、借地権価額控除方式により算出された底地の価額が直ちに時価を超えることとなるわけではないと考えられること、およそ完全所有権への復帰の可能性があるとは考え難い場合など、財産評価基本通達に定める評価方法によっては財産の時価を適切に評価することのできない特別の事情がある場合には、借地権価額控除方式によらずに時価を算定することが可能であること（評基通６）をも考慮すると、財産評価基本通達25の定める借地権価額控除方式は、底地の客観的交換価値を算定する上での一般的な合理性を有していると認められる（最決平30・11・15税資268（順号13210））としています。

そのため、貸宅地を相続する場合の相続税評価額は、借地権価額控除方式により算出された価額によって評価され、特別な事情がない限り、鑑定評価額を底地の時価とすることは、相続税実務の評価においてはほぼ認められることはないと考えられます。

しかし、借地人又は第三者へ貸宅地を売却する場合には、相続税評価額を下回ることがほとんどです。

オーナーが同族法人に対して土地を貸している場合、その貸宅地はその法人にとっては本社や工場の敷地であったりして、重要な土地であるケースが多くあります。そこで、その法人に時価（相続税評価額をかなり下回ると思われます。）で売却することにより個人にとっては、相続財産の圧縮に役立ち、法人にとっては事業基盤の強化につながります。

時価とは不特定多数の当事者で自由な取引が行われる場合に通常成立すると認められる価格であり、売り急ぎや買い進みのない中値によることとしています。実務上は、不動産鑑定士による鑑定評価額などを参考に適正な時価を算定する場合が多くあります。

また、譲渡した年中に相続が発生すると、譲渡所得税は課税されるものの、相続税法上未納税金として債務控除でき、さらに住民税については翌年１月１日現在に住所がありませんので課税されません。

【法人税法】

第22条の２　内国法人の資産の販売若しくは譲渡又は役務の提供（以下この条において「資産の販売等」という。）に係る収益の額は、別段の定め（前条第４項を除く。）があるものを除き、その資産の販売等に係る目的物の引渡し又は役務の提供の日の属する事業年度の所得の金額の計算上、益金の額に算入する。

２　内国法人が、資産の販売等に係る収益の額につき一般に公正妥当と認められる会計処理の基準に従つて当該資産の販売等に係る契約の効力が生ずる日その他の前項に規定する日に近接する日の属する事業年度の確定した決算において収益として経理した場合には、同項の規定にかかわらず、当該資産の販売等に係る収益の額は、別段の定め（前条第4項を除く。）があるものを除き、当該事業年度の所得の金額の計算上、益金の額に算入する。

3　内国法人が資産の販売等を行つた場合（当該資産の販売等に係る収益の額につき一般に公正妥当と認められる会計処理の基準に従つて第1項に規定する日又は前項に規定する近接する日の属する事業年度の確定した決算において収益として経理した場合を除く。）において、当該資産の販売等に係る同項に規定する近接する日の属する事業年度の確定申告書に当該資産の販売等に係る収益の額の益金算入に関する申告の記載があるときは、その額につき当該事業年度の確定した決算において収益として経理したものとみなして、同項の規定を適用する。

4　内国法人の各事業年度の資産の販売等に係る収益の額として第1項又は第2項の規定により当該事業年度の所得の金額の計算上益金の額に算入する金額は、別段の定め（前条第4項を除く。）があるものを除き、その販売若しくは譲渡をした資産の引渡しの時における価額又はその提供をした役務につき通常得べき対価の額に相当する金額とする。（下線は筆者）

5～7　〔省略〕

【法人税基本通達】

（資産の引渡しの時の価額等の通則）

2－1－1の10　法第22条の2第4項≪収益の額≫の「その販売若しくは譲渡をした資産の引渡しの時における価額又はその提供をした役務につき通常得べき対価の額に相当する金額」（以下2－1－1の11までにおいて「引渡し時の価額等」という。）とは、原則として資産の販売等につき第三者間で取引されたとした場合に通常付される価額をいう。なお、資産の販売等に係る目的物の引渡し又は役務の提供の日の属する事業年度終了の日までにその対価の額が合意されていない場合は、同日の現況により引渡し時の価額等を適正に見積もるものとする。〔以下省略〕（下線は筆者）

【所得税法】

（収入金額）

第36条　その年分の各種所得の金額の計算上収入金額とすべき金額又は総収入金額に算入すべき金額は、別段の定めがあるものを除き、その年において収入すべき金額（金銭以外の物又は権利その他経済的な利益をもつて収入する場合には、その金銭以外の物又は権利その他経済的な利益の価額）とする。

2　前項の金銭以外の物又は権利その他経済的な利益の価額は、当該物若しくは権利を取得し、又は当該利益を享受する時における価額とする。（下線は筆者）

3　〔省略〕

5　小規模宅地等の特例の適用要件を満たす　短　期

（1）　賃料の授受

先代経営者が所有し特定同族会社（注）が利用している不動産を、確実に後継者へ相続させるための一つの方法として、遺言書でその不動産を相続させる旨記載しておくことです。

その場合、特定同族会社事業用宅地等として小規模宅地等の特例の要件を満たしているか確認し、要件を満たしていないときは、地代・家賃の支払について早急に見直しが必要です。

特定同族会社事業用宅地等で、小規模宅地等の特例の適用を受けることができたら400㎡までの部分について80％の減額することができるため、この特例の適用を受けられるか否かは、相続税の負担に大きな影響が生じます。

推定被相続人の事業の用に供されている宅地等について、特定同族会社事業用宅地等に該当する可能性を有するか又は貸付事業用宅地等若しくは小規模宅地等に一切該当しないかについては次のとおりとなります。

(注)特定同族会社とは、相続開始の直前において被相続人及び被相続人の親族等が法人の発行済株式の総数又は出資の総額の50％超を有している場合におけるその法人（相続税の申告期限において清算中の法人を除きます。）をいいます。

①　他に貸し付けられている場合の取扱い（土地所有者：被相続人の場合）

建物所有者	地代	判　定		
		特定事業用等	貸付事業用	適用外
特定同族会社	有償	○	―	―
特定同族会社	無償	―	―	○

②　①以外の宅地等の取扱い（土地所有者：被相続人の場合）

建物所有者	地代	建物利用者	家賃	判　定		
				特定事業用等	貸付事業用	適用外
被相続人	―	特定同族会社	有償	○	―	―
被相続人	―	特定同族会社	無償	―	―	○
生計一親族	有償	特定同族会社	不問	―	○	―
生計一親族	無償	特定同族会社	有償	○	―	―
生計一親族	無償	特定同族会社	無償	―	―	○
生計別親族	有償	特定同族会社	不問	―	○	―
生計別親族	無償	特定同族会社	不問	―	―	○

以上のことから、特定同族会社との土地・建物の貸借では、賃貸借でなければ貸付事業用に該当しないことから、小規模宅地等の特例の適用を受けることができません。そのため、生前に土地・建物の貸借関係について事前の確認が欠かせません。

（２）　構築物が設置されていない青空駐車場の場合

小規模宅地等の特例の対象となる宅地等とは、建物又は構築物の敷地の用に供されていることが必要であることから、いわゆる青空駐車場については、地面をコンクリートなどで舗装しているような場合、コンクリートなどは構築物に該当するので小規模宅地等の特例の対象となります。

そのため、舗装されていない状態のままで駐車場の用に供していると小規模宅地等の特例の対象となりません。そこで、小規模宅地等の特例の適用を受けることができるよう生前に駐車場の土地にアスファルトの舗装工事などを実行しておくようにします。

【設 例】

青空駐車場の土地について、貸付事業用宅地等の特例の適用を受けるために、舗装工事を行う場合、整地費用などを含めて1㎡当たり5,000円～7,000円くらいの予算が必要となる。

青空駐車場の土地（200㎡）に舗装工事を行う場合に、200㎡ × 7,000円 ＝ 140万円必要であったときの税効果は以下のようになる。

≪前提条件≫

・相続税の限界税率 20％

・所得税及び住民税の税率 15.21％（復興特別所得税を含む。）

（単位：円）

路線価	自用地評価額	小規模宅地等の特例	相続税の軽減額	所得税等の軽減額（※）	税効果合計
50,000	10,000,000	5,000,000	1,000,000	212,940	1,212,940
60,000	12,000,000	6,000,000	1,200,000		1,412,940
70,000	14,000,000	7,000,000	1,400,000		1,612,940
100,000	20,000,000	10,000,000	2,000,000		2,212,940

（※）法定耐用年数によって償却し、1円まで費用化することができる。そのため、この前提条件の場合には、所得税等の軽減額は1,399,999円 × 15.21％ ≒ 212,940円となる。

上記の前提条件の場合、路線価が60,000円以上であれば、舗装工事費用が140万円かかっても、他に小規模宅地等の特例の適用を受けることができる宅地等がない場合、税効果を考慮すると舗装工事を実行して、「貸付事業用宅地等」として小規模宅地等の特例の適用を受けることが有利な選択となります。

6　未利用地を分割して異なる相続人が相続する　相続後

評価しようとする土地が共有となっている場合には、共有地全体の価額に共有持分の割合を乗じて、各人の持分の価額を算出します（評基通２）。

したがって、被相続人所有の下図のような立地条件の自用のＡ土地及びＢ土地を遺産分割により、相続人甲と乙が各２分の１の共有持分で相続した場合は、Ａ土地とＢ土地を一画地として評価します。

すなわち、正面路線価を10万円とし、７万円の二方（裏）路線影響加算をして評価し、その価額に各人の持分２分の１を乗じて、それぞれの共有持分の価額を算出しますので、両者が相続した土地の価額は等しくなります。

これに対し、この土地を分割協議によりＡ土地は甲が、また、Ｂ土地は乙がそれぞれ相続した場合は、評基通７－２≪評価単位≫の「（１）宅地」の（注）に定める「不合理分割」に該当しない限りは、Ａ土地とＢ土地は、それぞれを一画地の土地として評価することになります。

すなわち、甲が取得したＡ土地は正面路線価の10万円を基に、また、乙が取得したＢ土地は正面路線価の７万円を基にそれぞれ評価することになり、共有土地として取得する場合よりも、土地の価額は減額されることになります。

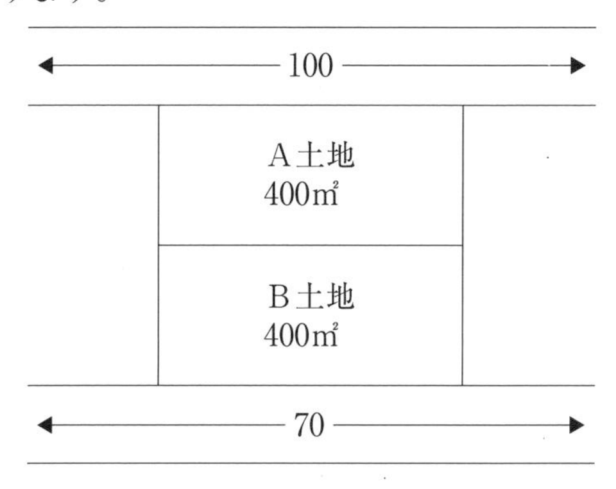

評価対象地が角地の土地の場合にも、遺産分割の工夫によって土地の評価額は下がります。

【設　例】

1．　被相続人　母（令和６年３月死亡）

2．　相続人　長男・長女

3．　相続財産　角地にある青空駐車場（普通住宅地区に所在）400㎡の宅地側方路線影響加算率は、0.03、その他の補正はないものとする。

4．　遺産分割

分割案１　長男及び長女が１/２ずつ共有で相続する

分割案２　角地部分200㎡を長男が、一方路線200㎡を長女が分割して相続する

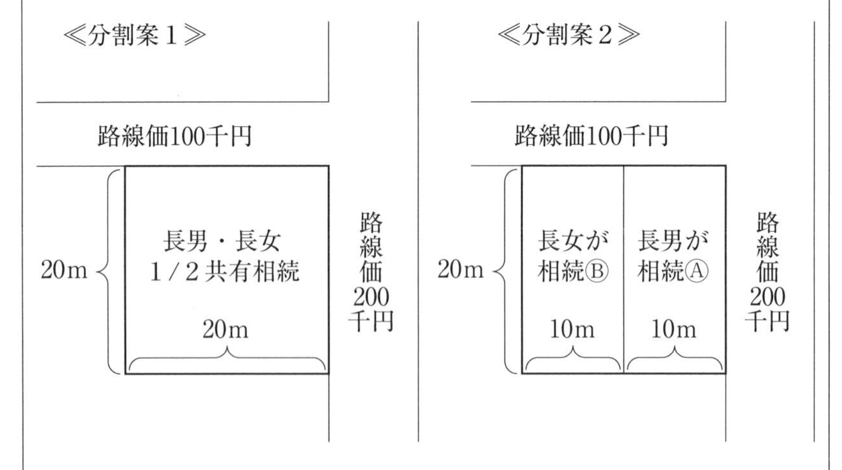

5．　土地の評価額

分割案１（共有による相続）	分割案２（２分割による相続）
＜１㎡当たりの価格の計算＞	
20万円 × 1.00 ＝ 20万円 20万円 ＋（10万円 × 1.00 × 0.03）＝ 20.3万円	Ⓐ　20万円 × 1.00 ＝ 20万円 Ⓑ　10万円 × 1.00 ＝ 10万円

<table>
<tr><th colspan="2">＜評価額の計算＞</th></tr>
<tr><td>20.3万円×400㎡＝8,120万円</td><td>Ⓐ　20万円×200㎡＝4,000万円
Ⓑ　10万円×200㎡＝2,000万円
Ⓐ＋Ⓑ＝6,000万円</td></tr>
<tr><td colspan="2">分割案２によれば、土地の相続税評価額が2,120万円少なくなります。</td></tr>
</table>

4　その他の不動産（農地（田・畑））

対策メニュー
相続後　配偶者が相続し、納税猶予の適用を受ける ⇒ 1

Point

相続財産のうちに三大都市圏に所在する市街化区域にある農地等の場合で、路線価によって評価されるような農地等の相続税評価額は高く評価されることもあり、相続税等の負担に耐えられず農業経営を継続することに支障が生じることもあります。

農業経営を継続したいと願う場合には、一定の要件を満たすことで農業投資価格によって農地等を評価し、相続税の納税猶予を選択することができます。このことによって相続税は大きく軽減されることになります。

解　説

農地等についての相続税の納税猶予制度は、農業を営んでいた被相続人等から一定の相続人が一定の農地等を相続や遺贈によって取得し、農業を営む場合又は特定貸付け等を行う場合には、一定の要件の下にその取得した農地等の価額のうち農業投資価格による価額を超える部分に対応する相続税額は、その取得した農地等について相続人が農業の継続または特定貸付け等を行っている場合に限り、その納税が猶予されます。

この特例における農業相続人の要件の一つに、被相続人の相続人で、相続税の申告期限までに農業経営を開始し、その後も引き続き農業経営を行うと認められる人とされています。

また、特例農地等の要件には、被相続人が農業の用に供していた農地等で相続税の申告期限までに遺産分割されたものなどとされています。

そして、相続税の申告書に所定の事項を記載し期限内に提出するとともに農地等納税猶予税額及び利子税の額に見合う担保を提供することが必要とされています。

※相続人を受遺者とする農地又は採草放牧地の特定遺贈による所有権の移転の登記については、農地法所定の許可があったことを証する情報を提供することを要しない（平24・12・14民二3486）とされています。

対策メニュー

1　配偶者が相続し、納税猶予の適用を受ける　相続後

農地等についての相続税の納税猶予の特例は、相続税の納付についての特例であることから、その制度の目的に照らし、納付すべき相続税額が算出される者に限って、その適用があるものとされています。

農地等についての相続税の納税猶予の特例の適用においては、被相続人の配偶者については、配偶者自身が農業相続人となった場合と、配偶者自身が農業相続人とならずに配偶者以外の者が農業相続人となった場合とで、配偶者の税額軽減額の計算が異なることとされています。

そのため、配偶者が農業相続人となったときは納付すべき相続税額が算出されず、農業相続人とならなかったときは納付すべき相続税額が算出される場合があり、納税猶予の適用を受けることができないとも考えられます。

しかし、「租税特別措置法（相続税法の特例関係）の取扱いについて（法令解釈通達）」（昭50・11・4直資2－224・直審5－32・徴管2－65）70の6－37では、配偶者について、配偶者以外の者が農業相続人であり、配偶者が農業相続人でないものとして計算すると納付すべき相続税額が算出される場合、例外的に納税猶予の適用があるものとして取り扱うことを明確にしています。

したがって、配偶者が農業相続人として納税猶予の特例を適用して相続税の計算をすると、配偶者の税額軽減により納付すべき相続税額が算出されないものの、農業相続人でないものとして相続税の計算をした場合には、納付すべき相続税額が算出されることから、納税猶予の特例の適用を受けることができます。

		納付すべき相続税額		
配偶者が農業相続人であるものとして計算	有		無	
配偶者が農業相続人以外の者であるものとして計算	有	無	有	無
配偶者の納税猶予の特例適用	○	○	○	×

【設　例】

1．被相続人　父（令和6年3月死亡）

2．相続人　　母（農業相続人）・長男（農業相続人）・長女

3．相続財産　農地等（通常の評価額：25,000万円、農業投資価格：400万円）、その他の財産25,000万円

4．農地等の納税猶予の選択

（1）　農地等の納税猶予を選択しない場合　（単位：万円）

	区分	合計	母	長男	長女
相続財産	農地等	25,000	15,000	10,000	—
	その他の財産	25,000	15,000	5,000	5,000
	課税価格	50,000	30,000	15,000	5,000
相続税	期限内分	13,110	7,866	3,933	1,311
	納税猶予分	—	—	—	—
	相続税合計	13,110	7,866	3,933	1,311
税額控除	配偶者の税額軽減	△6,555	△6,555	—	—
	農地等の納税猶予税額	—	—	—	—
	納付税額	6,555	1,311	3,933	1,311

（2）　母が納税猶予の適用を受けるか否かによる相続税負担の差異の検証

≪ケース1≫　母及び長男が納税猶予を選択する場合　（単位：万円）

	区分	合計	母	長男	長女
相続	農地等	400	(注)250	(注)150	—

財産	その他の財産	25,000	15,000	5,000	5,000
	課税価格	25,400	15,250	5,150	5,000
相続税	期限内分	4,110	2,468	833	809
	納税猶予分	9,000	5,396	3,604	—
	相続税合計	13,110	7,864	4,437	809
税額控除	配偶者の税額軽減	△6,555	△6,555	—	—
	農地等の納税猶予税額	△4,913	△1,309	△3,604	—
納付税額		1,642	0	833	809

(注)農業投資価格

≪ケース２≫　長男だけが納税猶予を選択する場合　　（単位：万円）

	区分	合計	母	長男	長女
相続財産	農地等	15,150	15,000	(注)150	—
	その他の財産	25,000	15,000	5,000	5,000
	課税価格	40,150	30,000	5,150	5,000
相続税	期限内分	9,272	6,928	1,189	1,155
	納税猶予分	3,838	—	3,838	—
	相続税合計	13,110	6,928	5,027	1,155
税額控除	配偶者の税額軽減	△4,636	△4,636	—	—
	農地等の納税猶予税額	△3,838	—	△3,838	—
納付税額		4,636	2,292	1,189	1,155

(注)農業投資価格

配偶者が財産を多く相続することで第二次相続の相続税負担が重くなる可能性が高まりますが、配偶者の相続発生までの期間が長く財産を費消する見込みがある場合や、相続税対策を講じて第二次相続に係る相続税の軽減を図ることができると思われる場合には、配偶者が農地等の相続税の納税猶予の特例の選択をし、第一次相続の納税額を抑えることを検討する価値はあると思います。

上記の比較表によれば、配偶者が農地等についての相続税の納税猶予を受け、その1年後に農業経営を廃止することとなった場合には、猶予税額1,309万円に1年間の利子税約10万円を合わせて納付しなければなりません。しかし、最初から、子のみが農地等についての相続税の納税猶予を受けた場合の納付税額と比較すると、4,636万円 −（1,642万円 ＋ 1,309万円 ＋ 利子税約10万円）＝ 1,675万円納付する相続税は少なくなります。

そこで、上記の設例の場合で、配偶者について農地等の相続税の納税猶予の特例が適用されるか否かについて確認してみます。

【設　例】（前提条件は前記設例と同じ）

1.　各相続人が取得した財産とその価格　（単位：万円）

相続人	相続財産	通常評価による課税価格	農業投資価格による課税価格	
			配偶者が農業相続人	配偶者が農業相続人以外
母（農業相続人）	農地等	15,000	(250)	15,000
	その他の財産	15,000	15,000	15,000
	計	30,000	15,250	30,000
長男（農業相続人）	農地等	10,000	(150)	(150)
	その他の財産	5,000	5,000	5,000
	計	15,000	5,150	5,150
長女	その他の財産	5,000	5,000	5,000
合　計		50,000	25,400	40,150

(注)（　）内の数字は農業投資価格

２．母及び長男が農地等の納税猶予を選択する場合

（１）相続税の総額

①　通常評価による総額　13,110万円

②　農業投資価格による総額　4,110万円

（２）計　算

①　配偶者の算出相続税額

㋐　期限内納付分

農業投資価格による課税価格及びそれによる相続税の総額を基として計算

4,110万円 ×（15,250万円 ÷ 25,400万円）≒ 2,468万円

㋑　納税猶予分

$$\frac{(13,110万円 - 4,110万円) \times (15,000万円 - 250万円)}{(15,000万円 - 250万円) + (10,000万円 - 150万円)}$$

≒ 5,396万円

㋒　㋐の金額と㋑の金額との合計額

2,468万円 ＋ 5,396万円 ＝ 7,864万円

②　配偶者の税額軽減

13,110万円 ×（25,000万円（注）÷ 50,000万円）＝ 6,555万円

（注）法定相続分又は１億6,000万円のいずれか多い金額

③　配偶者の納付すべき相続税額

7,864万円 － 6,555万円 ＝ 1,309万円

３．長男だけが農地等の納税猶予を選択する場合

（１）農業投資価格による相続税の総額　9,272万円

（２）計　算

①　配偶者の算出相続税額

農業投資価格による課税価格及びそれによる相続税の総額を基として計算

9,272万円 ×（30,000万円 ÷ 40,150万円）＝ 6,928万円

②　配偶者の税額軽減額

9,272万円×（20,075万円（注）÷ 40,150万円）＝ 4,636万円

（注）法定相続分又は１億6,000万円のいずれか多い金額

③　配偶者の納付すべき相続税額

6,928万円 － 4,636万円 ＝ 2,292万円

以上のことから、配偶者が農業相続人であるものとして計算すれば納付すべき相続税額が算出される場合で、かつ、農業相続人以外の者であるものとして計算すれば納付すべき相続税額が算出される場合に該当し、配偶者について農地等の相続税の納税猶予の特例の適用を受けることができます。

5 家　屋

対策メニュー	
長　期	貸家のリフォーム ⇒ 1
相続後	建築中の家屋は配偶者が相続する ⇒ 2

Point

家屋の相続税評価額は、原則として固定資産税評価額を基に評価されますが、増改築が行われても固定資産税評価額が改訂されていない事例が多く、そのような場合には、固定資産税評価額に一定額を加算した金額によって評価されることになります。

また、建築中の家屋はその家屋の費用現価の70％で評価することとされています。貸家の場合には、賃貸割合も考慮して家屋は評価されますので、長い期間空室になっていると家屋の相続税評価額が高く評価されることになります。

相続対策では、貸家のリフォームなどを実行して優良な状態で相続させることが肝要です。

解　説

(1) 自用家屋

家屋の価額は、原則として、その家屋の固定資産税評価額に1.0を乗じて計算した金額によって評価します。したがって、その評価額は、固定資産税評価額と同じです。

（2）貸　家

課税時期において貸家の用に供されている家屋は、その家屋の固定資産税評価額に借家権割合と賃貸割合を乗じた価額を、その家屋の固定資産税評価額から控除して評価します。

具体的には、家屋の固定資産税評価額が1,000、借家権割合が30％、賃貸割合が100％である場合、1,000 － 1,000 × 30％ × 100％で財産評価額は700となります（評基通26・89・93・94）。

（3）賃貸割合

「賃貸割合」は、貸家の各独立部分（構造上区分された数個の部分の各部分をいいます。）がある場合に、その各独立部分の賃貸状況に基づいて次の算式により計算した割合をいいます。

$$\text{賃貸割合} = \frac{\text{Aのうち課税時期において賃貸されている各独立部分の床面積の合計}}{\text{当該家屋の各独立部分の床面積の合計（A）}}$$

この算式における「各独立部分」とは、建物の構成部分である隔壁、扉、階層（天井及び床）等によって他の部分と完全に遮断されている部分で、独立した出入口を有するなど独立して賃貸その他の用に供することができるものをいいます。

また、継続的に賃貸されていたアパート等の各独立部分で、例えば、次の①から④に掲げるような事実関係から、アパート等の各独立部分の一部が課税時期（相続又は遺贈の場合は被相続人の死亡の日、贈与の場合は贈与により財産を取得した日）において一時的に空室となっていたにすぎないと認められるものについては、課税時期においても賃貸されていたものとして差し支えありません。

① 各独立部分が課税時期前に継続的に賃貸されてきたものであること。

② 賃借人の退去後速やかに新たな賃借人の募集が行われ、空室の期間中、他の用途に供されていないこと。
③ 空室の期間が、課税時期の前後の例えば1か月程度であるなど、一時的な期間であること。
④ 課税時期後の賃貸が一時的なものではないこと。

＜賃貸住宅の評価方法＞

<table>
<tr><th>建物の構造</th><th>建物の用途（使用目的）</th><th>評価方法</th></tr>
<tr><td rowspan="2">アパート等</td><td>継続的に不動産所得を生ずべき業務の用に供されているもの（賃貸目的の収益物件）</td><td>空室部分を「一時的な空室と取り扱う」</td></tr>
<tr><td>上記以外の用途に転用する目的のもの（取壊し目的や事業又は居住用などの自家使用目的の資産）</td><td rowspan="2">課税時期の現況（借家人の有無）によって評価する</td></tr>
<tr><td>戸建て建物</td><td>賃貸の用に供されているもの</td></tr>
</table>

（4） 増改築を行った場合に、固定資産税評価額が付されていないとき

増改築等に係る家屋の状況に応じた固定資産税評価額が付されていない場合の家屋の価額は、増改築等に係る部分以外の部分に対応する固定資産税評価額に、当該増改築等に係る部分の価額として、当該増改築等に係る家屋と状況の類似した付近の家屋の固定資産税評価額を基として、その付近の家屋との構造、経過年数、用途等の差を考慮して評定した価額（ただし、状況の類似した付近の家屋がない場合には、その増改築等に係る部分の再建築価額から課税時期までの間における償却費相当額を控除した価額の100分の70に相当する金額）を加算した価額（課税時期から申告期限までの間に、その家屋の課税時期の状況に応じた固定資産税評価額が付された場合には、その固定資産税評

価額）に基づき財産評価基本通達89（家屋の評価）又は93（貸家の評価）の定めにより評価します。

なお、償却費相当額は、財産評価基本通達89－２（文化財建造物である家屋の評価）の(２)に定める評価方法に準じて、再建築価額から当該価額に0.1を乗じて計算した金額を控除した価額に、その家屋の耐用年数（減価償却資産の耐用年数等に関する省令に規定する耐用年数）のうちに占める経過年数（増改築等の時から課税時期までの期間に相当する年数（その期間に１年未満の端数があるときは、その端数は、１年とします。））の割合を乗じて計算します（国税庁：質疑応答事例/財産評価「固定資産税評価額が付されていない土地の評価」）。

(５)　新築等で建物の固定資産税評価額が定められていない場合

家屋の完成後、まだ固定資産税評価額が付されていないときに相続開始が開始した場合の家屋については、基本的には、固定資産税評価額に基づき評価すべきことになりますが、固定資産税評価額が付されていないため、固定資産税評価額に基づいて評価することはできず、評価方法の定めのない財産として評価（評基通５）することになります。

このような場合の具体的な評価方法については、各国税局の「財産評価基準書」（家屋の部）に示されている「増改築等に係る家屋」の取扱いを参考として、一般的には、当該家屋と状況の類似した付近の家屋の固定資産税評価額を基としてその付近の家屋との構造、経過年数、用途等の差を考慮して評定した価額により評価することになります。

ただし、状況の類似した付近の家屋がないときは、本件家屋の再建築価額相当額から、本件家屋の建築から相続開始日までの期間の償却費相当額（注）を控除した価額の70％相当の価額によって評価することになると考えます。

ただし、相続税の申告期限までにその家屋に固定資産税評価額が付された場合は、当該固定資産税評価額を基に評価して差し支えないと思われます。

(注)償却費相当額

償却費相当額は、財産評価基本通達89－２（文化財建造物である家屋の評価）の(２)に定める評価方法に準じて、再建築価額から当該価額に0.1を乗じて計算した金額を控除した価額に、その建物の耐用年数（減価償却資産の耐用年数等に関する省令に規定する耐用年数）のうちに占める経過年数（増改築等の時から課税時期までの期間に相当する年数（その期間に１年未満の端数があるときは、その端数は１年とします。））の割合を乗じて計算します。

(６)　建築中の家屋の評価

建築中の家屋の価額は、その家屋の費用現価の70％に相当する金額によって評価します（評基通91）。

なお、「費用現価の額」とは、課税時期（相続又は遺贈の場合は被相続人の死亡の日、贈与の場合は贈与により財産を取得した日）までにその家屋に投下された建築費用の額を、課税時期の価額に引き直した額の合計額のことをいいます。

対策メニュー

1　貸家のリフォーム 長　期

家屋の価額は、その家屋の固定資産税評価額に所定の倍率（現行1.0）を乗じて評価することとして取り扱われています（評基通89）。

また、賃貸住宅とその敷地の相続税評価額は、以下のように求めます。

①　賃貸住宅　固定資産税評価額×（1－0.3×賃貸割合）

②　賃貸住宅の敷地　（路線価（※）×地積）×（1－借地権割合×0.3×賃貸割合）

※その土地が、倍率地域にある場合には、路線価に代えて固定資産税評価額×倍率によって求めます。

老朽化した賃貸住宅で定期的な修理や改修をしていないと、入居者も少なくなっている事例が多くあります。相続税評価額は、土地建物ともに、賃貸割合を考慮して求めることとされているので、空室の多い賃貸住宅ほど相続税評価額が高く評価されてしまいます。

また、そのような賃貸住宅を残された相続人にとっては、その財産は、「不動産」ではなく、「不動損」又は「負動産」になってしまいます。

優良な資産を次の世代に残すために、所有関係が錯綜している不動産や、収益性が著しく劣る不動産など、現所有者がそれらの問題を解決しておくことが本来の相続対策です。

	現状のまま	立ち退かせて賃貸住宅を建替え
立退き費用	相続人が負担することになる。	被相続人が負担し、現金が減少することで相続税

	相続税の軽減にならない。	の負担が軽減される。
賃貸住宅	建物の時価 < 相続税評価額（固定資産税評価額×0.7×賃貸割合）になっている場合もある。	建物の時価と相続税の評価額との差額が大きく、相続税の負担軽減に役立つ。
賃貸住宅の敷地	空室が多いと賃貸割合が低いため相続税評価額が高く算出される。	満室経営であれば、相続税評価額は低く抑えられる。
債　務	相続人の負担は少ない。	大きな債務が残っていることが多く、その後の経営のリスクが残る。
資産価値	低い	高い

2　建築中の家屋は配偶者が相続する　相続後

建築中の家屋の場合には、固定資産税評価額が付けられていませんので、建築中の家屋の価額は、その家屋の費用現価の70％に相当する金額によって評価します。

建物が完成すると、その家屋の固定資産税評価額に1.0を乗じて計算した金額によって評価されます。その場合の固定資産税評価額の目安は建築価額の５割～６割程度となりますので、建築中の家屋よりも相続税評価額は低く評価されます。

そこで、建築中の家屋を配偶者が相続し、建物が完成した後に配偶者の相続が開始すれば一定の評価差額が発生し相続税の負担を軽減することにつながります。

第２章　有価証券

有価証券には、取引相場のない株式等や上場有価証券などがあります。

取引相場のない株式等については、国税庁が公表している令和４年の相続税の申告（課税状況）における統計資料でみると、被相続人１人当たりの金額は約5,312万円となっていて、後継者にとっては安定した経営を行うためにもその株式等を相続することが欠かせませんが、その株式等を相続するだけで法定相続分以上になることも珍しくありません。

そのため、その株式等の相続税評価額を引き下げる対策や、その株式等は換金処分の困難な財産でもあることから相続税の納税資金対策も併せて実行しておかなければなりません。

一方、上場株式は、相続開始日から相続税の申告期限までの間に、大きな価格変動がなければ時価と相続税評価額の差はほとんど生じません。上場株式の相続税評価額の引下げ対策には、上場株式を取引相場のない株式等に組み換えることなどによって相続税評価額を一定額引き下げることができます。

そこで、この章では、取引相場のない株式等と上場株式に区分し、かつ、時間軸に分けて相続税対策の具体策を解説することとします。

1　取引相場のない株式等

対策メニュー	
長　期	無議決権株式などにしておき、後継者の議決権を確保する ⇒ 1
長　期	種類株式によって先代経営者の議決権を確保する ⇒ 2
長　期	会社規模区分の引上げ ⇒ 3
長　期	特定の評価会社に該当している場合には特定会社はずしを実行する ⇒ 4
長　期	１株当たりの配当金額や利益金額を引き下げる ⇒ 5
長　期	値上がりが予想される自社株は孫へ相続時精算課税によって贈与する ⇒ 6
長　期	非上場株式等についての贈与税の納税猶予制度と相続時精算課税の適用 ⇒ 7
短　期	遺言書を作成し、後継者が議決権を確保できるようにしておく ⇒ 8
短　期	生前贈与を受けた自社株は遺言書によって遺留分侵害額算定基礎財産に算入されないようにしておく ⇒ 9
短　期	非上場株式等についての相続税の納税猶予を受ける場合には、遺言書が必須 ⇒ 10

短　期 相続後	配当還元価額で贈与・相続する ⇒ 11
相続後	相続時精算課税によって贈与を受けた自社株に係る遺留分侵害額請求権と相続放棄 ⇒ 12
相続後	相続した自社株を金庫株にする ⇒ 13

Point

同族会社の株式を所有することは、大株主（支配権を有する株主）にとっては、「会社支配権」、「会社経営権」を有するという意味を持つのに対し、その他の少数株主（支配権を有しない同族株主や同族株主以外の株主）にとっては、「配当を受ける権利」を持つという意味にすぎません。したがって、自社株は、相続等によって取得する株主の態様により評価方法も変わってきます。

すなわち、大株主が取得する自社株の評価は、原則として、会社の業績や資産内容を株価に反映させた原則的評価方式（類似業種比準方式、又は純資産価額方式、あるいはこれらの併用方式）により評価し、支配権を有しない少数株式所有者が取得する自社株の評価は、配当還元方式により行うこととされています。

解　説

（１）　原則的評価方式

原則的評価方式は、評価する株式を発行した会社を総資産価額、従業員数及び取引金額により大会社、中会社又は小会社のいずれかに区分して、原則として次のような方法で評価をすることになっています（評基通179）。

＜一般の評価会社の自社株の相続税評価額（同族株主等の場合）＞

<table>
<tr><th colspan="2">会社規模区分</th><th colspan="2">評価方式</th></tr>
<tr><td colspan="2" rowspan="2">大会社</td><td>原則</td><td>類似業種比準価額</td></tr>
<tr><td>選択</td><td>１株当たりの純資産価額（注２）</td></tr>
<tr><td rowspan="6">中会社</td><td rowspan="2">大</td><td>原則</td><td>類似業種比準価額 × 0.90 ＋ １株当たりの純資産価額（注１）× 0.10</td></tr>
<tr><td>選択</td><td>１株当たりの純資産価額（注２）× 0.9 ＋ １株当たりの純資産価額（注１）× 0.10</td></tr>
<tr><td rowspan="2">中</td><td>原則</td><td>類似業種比準価額×0.75 ＋ １株当たりの純資産価額（注１）× 0.25</td></tr>
<tr><td>選択</td><td>１株当たりの純資産価額（注２）× 0.75 ＋ １株当たりの純資産価額（注１）× 0.25</td></tr>
<tr><td rowspan="2">小</td><td>原則</td><td>類似業種比準価額 × 0.60 ＋１株当たりの純資産価額（注１）× 0.40</td></tr>
<tr><td>選択</td><td>１株当たりの純資産価額（注２）× 0.60 ＋ １株当たりの純資産価額（注１）× 0.40</td></tr>
<tr><td colspan="2" rowspan="2">小会社</td><td>原則</td><td>１株当たりの純資産価額（注１）</td></tr>
<tr><td>選択</td><td>類似業種比準価額 × 0.50 ＋ １株当たりの純資産価額（注１）× 0.50</td></tr>
</table>

（注１）議決権割合が50％以下の同族株主グループに属する株主については、その80％で評価します。
（注２）（注１）のような80％評価はしません。

（２）　配当還元方式

配当還元方式は、株式の価額をその株式に係る年配当金額を還元率10％で除して計算した元本に相当する配当還元価額によって評価されます（評基通188－2）。

$$\text{配当還元価額} = \frac{\text{１株当たりの年配当金額}}{10\%} \times \frac{\text{１株当たりの資本金等の額}}{\text{50円}}$$

※年配当金額は、「(直前期末以前２年間の配当金額 ÷ 2) ÷ １株当たりの資本金等の額を50円とした場合の発行済株式数」で求めます。この場合、特別配当や記念配当のように一時的な配当は、上記の計算式の１株当たりの年配当金額には含めずに計算します。

また、その年配当金額が２円50銭未満となる場合、又は無配の場合は２円50銭とします。

そこで、配当還元方式によって贈与できる者（同族株主以外の株主や、同族株主でも少数株式所有者など）に対し、生前贈与をしておくことや、同族株主に対して相続させる場合でも、相続又は遺贈を受けた者の議決権割合が５％未満となるように遺言書を残しておくことで、自社株の相続税評価額を低く評価することができます。

自社株の相続税評価額は、その株主が有する評価会社の議決権割合に応じて、以下のように評価方法が異なります。

＜自社株の評価方法＞

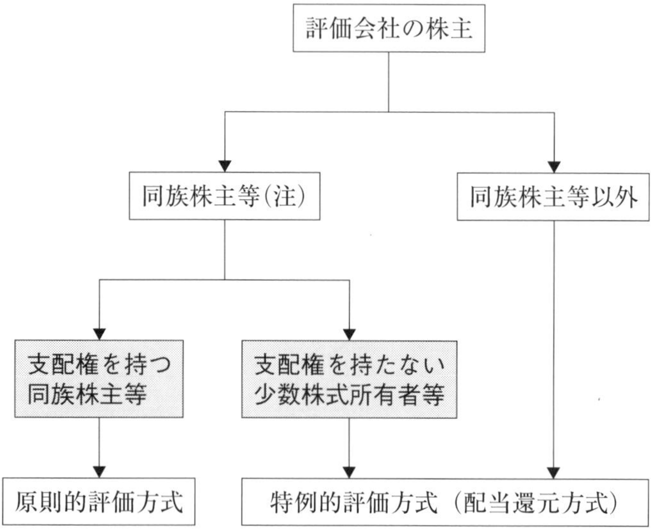

評価会社の株主
- 同族株主等(注)
  - 支配権を持つ同族株主等 → 原則的評価方式
  - 支配権を持たない少数株式所有者等 → 特例的評価方式（配当還元方式）
- 同族株主等以外 → 特例的評価方式（配当還元方式）

(注)同族株主等とは、同族株主及び同族株主がいない会社における議決権割合の合計が15％以上の株主グループをいいます。

（３）　特定の評価会社

評価会社の特定の資産の保有状況や営業状況又は経営成績に着目して、通常の企業活動を遂行していると認定することが困難である会社については、その会社規模区分の別に関わらず、特別な評価方法により評価することとしています。

例えば、評価会社の特定の資産（株式等、土地等）の保有状況や営業状況又は経営成績に着目して、通常の事業活動を行っていると認め難い状況にある一定の会社（これを「特定の評価会社」といいます。）については、その会社の規模区分（大会社・中会社・小会社）に関係なく、特別な評価方法（原則として「純資産価額方式」）によって評価します。

ただし、「特定の評価会社」に該当する場合でも、「開業前の会社」や「休業中の会社」、「清算中の会社」以外の会社は、同族株主のうちの少数株式所有者や同族株主等以外の株主が取得した株式については、特例的評価方式の「配当還元方式」で評価することができます。

＜特定の評価会社の意義と評価方式＞

特定の評価会社の区分	株主区分	評価方式	特定の評価会社の意義
比準要素数１の会社	同族株主等	原則的評価方式	課税時期において類似業種比準価額の比準３要素（「１株当たりの配当金額」「１株当たりの利益金額」「１株当たりの純資産価額」をいいます。以下同じ。）のそれぞれの金額のうち、いずれか２が０であり、かつ直前々期末を基準にして比準３要素の金額を計算した場合に、それぞれの金額の

			うちいずれか2以上が0である会社をいいます（評基通189(1)）。
	同族株主等以外の株主	配当還元方式	
株式等保有特定会社(注)	同族株主等	原則的評価方式	課税時期において評価会社の有する総資産価額（相続税評価額ベース）に占める株式等の価額の合計額（相続税評価額ベース）の割合が、50%以上である会社をいいます（評基通189(2)）。
	同族株主等以外の株主	配当還元方式	
土地保有特定会社(注)	同族株主等	原則的評価方式	課税時期において評価会社の有する総資産価額（相続税評価額ベース）に占める土地等の価額の合計額（相続税評価額ベース）の割合が、一定以上である会社をいいます（評基通189(3)）。
	同族株主等以外の株主	配当還元方式	
開業後3年未満の会社等	同族株主等	原則的評価方式	課税時期において開業後3年未満の会社又は類似業種比準価額の比準3要素がいずれも0である会社をいいます（評基通189(4)）。
	同族株主等以外の株主	配当還元方式	
開業前又は休業中の会社	全ての株主	純資産価額方式	会社設立の登記完了後、事業活動開始前の会社又は課税時期の前後で相当期間、休業している会社をいいます（評基通189(5)）。
清算中の会社	全ての株主	清算分配見込額を基に複利現価計算により求めた価額	課税時期において清算手続中の会社をいいます（評基通189(6)）。

（注）課税時期前において合理的な理由もなく評価会社の資産構成に変動があり、その変動がその評価会社と判定されることを免れるためのものと認められるときは、その変動はなかったものとして判定されます（評基通189）。

＜特定の評価会社の評価方法＞

<table>
<tr><th>特定評価会社の区分</th><th>株主の区分</th><th colspan="2">評価方法</th></tr>
<tr><td rowspan="2">比準要素数１の会社</td><td>同族株主等</td><td>類似業種比準価額×0.25＋純資産価額（注１）×0.75</td><td>純資産価額（注１）とのいずれか少ない金額</td></tr>
<tr><td>同族株主等以外の株主</td><td colspan="2">配当還元価額によることができる</td></tr>
<tr><td rowspan="2">株式等保有特定会社（注３）</td><td>同族株主等</td><td>Ｓ１＋Ｓ２方式（注２）</td><td>純資産価額（注１）とのいずれか少ない金額</td></tr>
<tr><td>同族株主等以外の株主</td><td colspan="2">配当還元価額によることができる</td></tr>
<tr><td rowspan="2">土地保有特定会社（注３）</td><td>同族株主等</td><td colspan="2">純資産価額方式（注１）</td></tr>
<tr><td>同族株主等以外の株主</td><td colspan="2">配当還元価額によることができる</td></tr>
<tr><td rowspan="2">開業後３年未満の会社等（注５）</td><td>同族株主等</td><td colspan="2">純資産価額方式（注１）</td></tr>
<tr><td>同族株主等以外の株主</td><td colspan="2">配当還元価額によることができる</td></tr>
<tr><td>開業前又は休業中の会社</td><td>全ての株主</td><td colspan="2">純資産価額方式（注４）</td></tr>
<tr><td>清算中の会社</td><td>全ての株主</td><td colspan="2">清算分配見込額の複利現価方式</td></tr>
</table>

(注１)議決権割合が50%以下の同族株主グループに属する株主については、その80%で評価します。

(注２)「Ｓ１」の金額は、実際の事業活動部分としての株式の価額について類似業種比準方式を部分的に取り入れて評価し、「Ｓ２」の金額では、評価会社が所有する資産のうち、株式等についてのみ純資産価額としての価値を反映させて評価することができます。

(注３)特定の評価会社のうち、「株式等保有特定会社」や「土地保有特定会社」に該当する会社であるか否かを判定する場合において、課税時期前において合理的な理由もなく評価会社の資産構成に変動があり、その変動が株式等（土地）保有特定会社に該当する会社であると判定されることを免れるためのものと認められる場合には、その変動はなかったものとしてその判定を行うこととされています（評基通189なお書）。

(注４)上記(注１)のような80%評価はしません（評基通189－５）。

(注５)開業後３年未満の会社等とは、開業後３年未満の会社及び比準要素数０の会社をいいます。

(注６)評価会社が２以上の特定の評価会社の区分に該当する場合には、以下の順位による、より上位の区分が適用されることとされています（評価明細書記載要領）。例えば、比準要素数０の会社と株式等保有特定会社の双方に該当する場合には、比準要素数０の会社と判定されます。

①　清算中の会社
②　開業前又は休業中の会社
③　開業後３年未満の会社
④　比準要素数０の会社
⑤　土地保有特定会社
⑥　株式等保有特定会社
⑦　比準要素数１の会社

(４)　同族株主がいる会社の評価方式

同族株主のいる会社の場合、同族株主が自社株を相続又は遺贈によって取得するときに、取得後の議決権割合が５%未満で、その会社に「中心的な同族株主」がいて、その株式を取得した者が「中心的な同族株主」ではなく、役員でもなければ特例的評価方式によってその株式を評価することができます。

＜同族株主のいる会社の場合の評価方式＞

<table>
<tr><th colspan="4">株主の態様</th><th>評価方式</th></tr>
<tr><td rowspan="5">同族株主
（注１）</td><td colspan="3">取得後の議決権割合が５％以上の株主</td><td rowspan="4">原則的評価方式
（類似業種比準方式又は純資産価額方式、若しくはそれらの併用方式）</td></tr>
<tr><td rowspan="4">取得後の議決権割合が５％未満の株主</td><td colspan="2">中心的な同族株主（注２）がいない場合</td></tr>
<tr><td rowspan="3">中心的な同族株主がいる場合</td><td>中心的な同族株主</td></tr>
<tr><td>役員又は役員予定者</td></tr>
<tr><td>その他の株主</td><td rowspan="2">特例的評価方式
（配当還元方式）</td></tr>
<tr><td colspan="4">同族株主以外の株主</td></tr>
</table>

（注１）同族株主とは、課税時期における評価会社の株主のうち、株主の１人及びその同族関係者（親族等や一定の支配関係にある会社など）の有する議決権の合計数が、その会社の議決権総数の30％以上である場合におけるその株主及びその同族関係者をいいます（評基通188(１)）。

なお、議決権総数が30％以上である株主グループが２つある場合において、その評価会社の株主のうち、株主の１人及びその同族関係者の有する議決権の合計数のうち最も多いグループの有する議決権の合計数が、その会社の議決権総数の50％超である会社にあっては、50％超のその株主及び同族関係者をいいます。

（注２）中心的な同族株主とは、判定時において、同族株主の一人並びにその株主の配偶者・直系血族・兄弟姉妹及び一親等の姻族（これらの者の同族関係者である会社（法人税法施行令４条２項に掲げる会社をいいます。）のうち、これらの者が有する議決権の合計数がその会社の議決権総数の25％以上である会社を含みます。）の有する議決権の合計数がその会社の議決権総数の25％以上である場合におけるその株主をいいます（評基通188(２)）。

＜中心的な同族株主判定の基礎となる同族株主の範囲（囲み部分）＞
～株主Ａについて判定する場合～

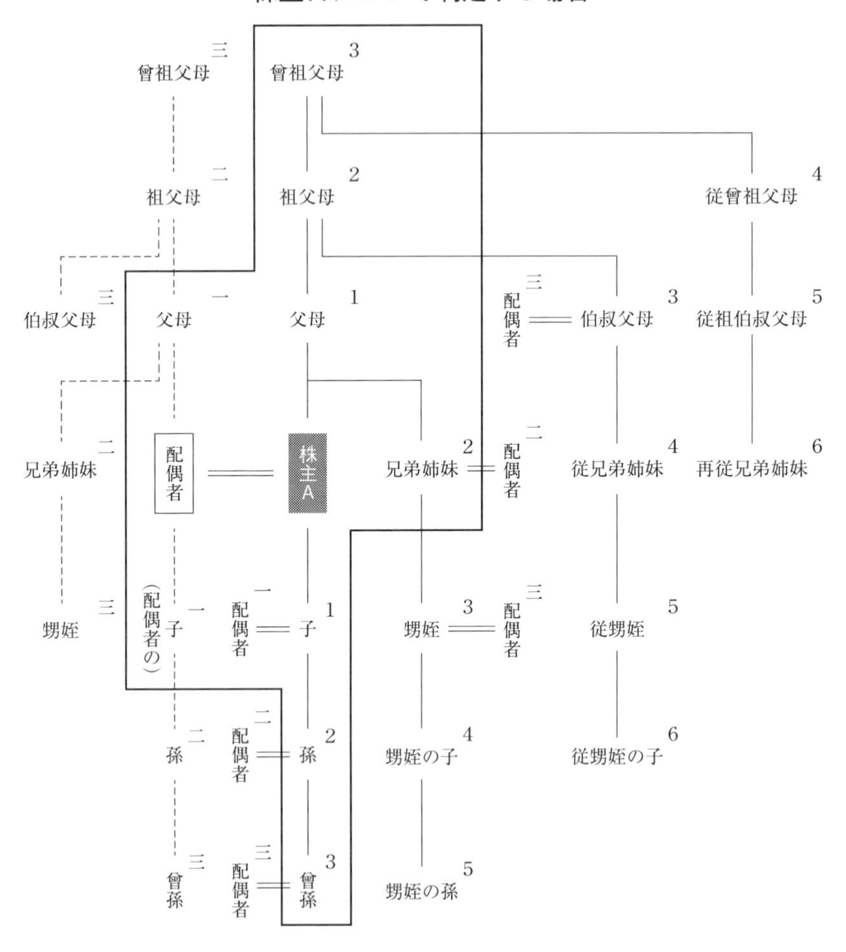

1．肩書数字は親等を、うち算用数字は血族、漢数字は姻族を示しています。
2．養親族関係…養子と養親及びその血族との間においては、養子縁組の日から血族間における
　　　　　　　と同一の親族関係が生じます。

（５）　同族株主のいない会社の評価方式

同族株主のいない会社では、その会社の株主のうち、課税時期において株主の１人及びその同族関係者の有する議決権の合計数が、その会社の議決権総数の15％以上である株主グループの株主で、取得後の議決権割合が５％以上の株主が取得した株式は原則的評価方式により評価します。

一方、課税時期において株主の１人及びその同族関係者の有する議決権の合計数が、その会社の議決権総数の15％未満である場合におけるその株主が取得した株式については配当還元方式で評価します（評基通188(３))。

また、議決権割合の合計が15％以上の株主グループの株主でも、取得後の議決権割合が５％未満の株主で、評価会社に中心的な株主がいる場合には、納税義務者が役員でない株主が取得した株式は、配当還元方式により評価します（評基通188(４))。

＜同族株主がいない会社の場合の評価方式＞

<table>
<tr><th colspan="4">株主の態様</th><th>評価方式</th></tr>
<tr><td rowspan="4">議決権割合の合計が15％以上の株主グループに属する株主</td><td colspan="3">取得後の議決権割合が５％以上の株主</td><td rowspan="3">原則的評価方式（類似業種比準方式又は純資産価額方式、若しくはそれらの併用方式）</td></tr>
<tr><td rowspan="3">取得後の議決権割合が５％未満の株主</td><td colspan="2">中心的な株主がいない場合</td></tr>
<tr><td rowspan="2">中心的な株主がいる場合</td><td>役員又は役員予定者</td></tr>
<tr><td>その他の株主</td><td rowspan="2">特例的評価方式（配当還元方式）</td></tr>
<tr><td colspan="4">議決権割合の合計が15％未満の株主グループに属する株主</td></tr>
</table>

対策メニュー

1　無議決権株式などにしておき、後継者の議決権を確保する　長　期

自社株の評価方法についてのポイントは、評価会社の議決権割合によって「原則的評価方式」か「配当還元方式」に区分されることとされている点です。

そこで、評価対象者が保有する一定の普通株式を、無議決権株式へ転換することで容易に配当還元方式によることが可能となります。

この対策では、相続人がその会社の経営に関わる予定がない場合には、相続する自社株の持株数を減らすことなく、自社株の相続税評価額を配当還元価額によって評価することができます。

【設　例】

1．評価対象会社　A社（甲、乙、丙の三兄弟が株主の同族会社）

2．A社の株主構成　甲（40%）・乙（35%）・丙（25%）

3．株式の種類　全て普通株式でA社の発行済株式総数は2,000株

株　主	所有株式数	持株割合	議決権数	議決権割合
甲	800株	40%	800個	40%
乙	700株	35%	700個	35%
丙	500株	25%	500個	25%
合　計	2,000株	100%	2,000個	100%

4．丙の対策

（1）丙の保有する普通株式のうち240株を無議決権株式へ転換する。

（２）　丙から妻、長女及び二女に普通株式と無議決権株式を一括して均分に贈与する。

なお、丙の推定相続人は、妻、長女、二女の３名で、Ａ社の経営には関わっていません。

＜贈与する株式数と議決権数＞

	妻		長女		二女		合計	
	株式数	議決権数	株式数	議決権数	株式数	議決権数	株式数	議決権数
普通株式	87株	87個	87株	87個	86株	86個	260株	260個
無議決権株式	80株	－	80株	－	80株	－	240株	－
合　計	167株	87個	167株	87個	166株	86個	500株	260個

5.　対策の効果の検証

（１）　対策前のＡ社株式の評価方法

丙の議決権割合は25％であることから、丙の相続人は中心的な同族株主と判定され、丙の相続人がその株式を贈与や相続により取得した場合には、原則的評価方式によって評価されることになります。

（２）　対策後のＡ社株式の評価方法

丙の議決権割合は、14.77％（(500株 － 240株) ÷ (2,000株 － 240株)）に下がり、推定相続人３名に均分に贈与する場合には、一人当たりの議決権割合は５％未満で、かつ、丙の推定相続人は中心的な同族株主に該当しないことから、配当還元方式によって評価することになります。

株　主	所有株式数	持株割合	議決権数	議決権割合
甲	800株	40％	800個	45.46％
乙	700株	35％	700個	39.77％
丙	500株	25％	260個	(※)14.77％
合　計	2,000株	100％	1,760個	100％

（※）丙の相続人は、中心的な同族株主を判定する際の議決権割合は25％未満となり、かつ、その議決権のある株式を３名の推定相続人が均分に取得すれば、取得後の議決権割合は５％未満となり、配当還元方式で自社株を評価することができます。

なお、丙の所有する普通株式240株をＡ社の金庫株とし、残余のＡ社株式260株を推定相続人３名に均分に贈与しても、上記と同様に配当還元方式によって取得することができます。

（３）　中心的な同族株主に該当するか否かの判定

判定者＼範囲	甲	乙	妻	長女	二女	合計	判定
	800	700	87	87	86	1,760	
甲	800	700	－	－	－	1,500	○
乙	800	700	－	－	－	1,500	○
妻	－	－	87	87	86	260	×
長女	－	－	87	87	86	260	×
二女	－	－	87	87	86	260	×

2 種類株式によって先代経営者の議決権を確保する

長　期

創業経営者の中には、自分が存命中は会社への影響力を保持したいと願う事例も少なくありません。しかし、相続税の軽減を優先すれば何らの対策もなければ自社株の保有を続けることには無理があります。

そこで、会社法に規定する種類株式を活用して「支配すれども所有せず」を実現する方法を検討することになります。会社法は、①剰余金配当優先株式等、②残余財産分配優先株式等、③議決権制限株式、④譲渡制限株式、⑤取得請求権付株式、⑥取得条項付株式、⑦全部取得条項付株式、⑧拒否権付株式及び⑨役員選任権付株式の９つの種類株式を発行することを認めています（会社108）。

（1）　種類株式を発行する方法

① 既存の普通株式を種類株式に転換する場合

普通株式のみ発行している会社であっても、発行済みの普通株式を種類株式に転換することは可能です。この場合、まず、種類株式の内容を定款に定めなければならないので、株主総会の特別決議による定款変更が必要となります。その際に、種類株式の内容と発行可能種類株式総数を定めて、その旨の登記を行う必要があります。

次に、普通株式3,000株を発行している会社が、普通株式3,000株のうち2,000株だけを今までどおり普通株式とし、残りの1,000株を種類株式に転換できますが、この場合には、株主の利益を害する可能性があるので、この転換をするためには、総株主の同意によって定款変更することが必要です。

②　新たに種類株式を発行する場合

新たに種類株式を発行する場合には、定款で種類株式の内容を定める必要があります。したがって、株主総会の特別決議による定款変更の決議が必要です。その際に種類株式の内容と発行可能種類株式総数を定めて、その旨の登記を行う必要があります。

既に他の種類の種類株式発行会社である場合には、既に発行している種類株式の種類株主総会の決議も必要になりますので、注意が必要です。これは、新たに種類株式を設定することにより、既存の種類株式の株主に損害を及ぼすおそれが生じるためです（会社322①）。

（２）　譲渡制限株式

株式会社がその発行する全部又は一部の株式の内容として譲渡による当該株式の取得について当該株式会社の承認を要する旨の定めを設けている場合における当該株式をいいます（会社２十七）。

多くの中小企業は、この規定を設けていますが、ここでいう譲渡には、合併や相続などの一般承継は含まれません。そのため、相続を通じて会社にとって好ましくない株主が存在することになる可能性を排除できません。

（３）　拒否権付株式（黄金株）

拒否権付株式（黄金株）とは、株主総会又は取締役会において決議すべき事項のうち、その決議のほか、その種類株式の株主を構成員とする種類株主総会の決議があることを必要とするものを定めることができる当該種類株式をいいます（会社108①八）。

株主総会や取締役会の全ての事項に拒否権を与えることも、一部の決議事項（例えば、合併決議など会社再編に関わる事項）についてだけ拒否権を与えることも可能です。

普通株式（議決権）の大半を後継者に譲った後も、この拒否権付株式を保有していれば､実質的に経営権を失うことにはなりませんので、中小企業の事業承継などに大いに活用できると期待されています。

拒否権付株式を発行する場合には、以下の２点を定款で定めなければなりません。

＜拒否権付株式を発行する場合の定款の定め＞

> 1.　当該種類株主総会の決議があることを必要とする事項
> 2.　当該種類株主総会の決議を必要とする条件を定めたときは、その条件

株主総会及び取締役会の全ての決議について拒否権を与える場合の定款には、以下のように定めます。

＜全ての決議について拒否権を与える場合の定款の定め＞

> （A種類株式）
> 当会社が株主総会及び取締役会で決議する全ての議案について、A種類株式を保有する株主の種類株主総会の決議を経なければならない。

この黄金株を保有していれば、株主総会又は取締役会において決議すべき事項のうち、定款に定める事項について影響力を保持することができます。なお、黄金株の相続税評価額については普通株式と同様に評価されます。

> **【拒否権付株式（第三類型）の評価の取扱い】**（「種類株式の評価について（情報)」(平19・３・９資産評価企画官情報第１ほか))
> 拒否権付株式（会社法108条１項８号に掲げる株式）については、拒否権を考慮せずに評価する。

（4）　議決権制限株式

株式会社の株主は、株主総会において議決権を行使する場合には、原則として全ての株主は1株につき1議決権を有していますが、議決権制限株式はこの議決権を制限する株式です。

議決権制限株式は、全ての事項に対し議決権がない「完全無議決権株式」と、一部の事項についてのみ議決権を有しない「狭義の議決権制限株式」とがあります。完全無議決権株式は全ての議案に対し議決権がありませんので、株主総会に参加することはできません。

そこで、オーナー経営者が所有する株式は普通株式とし、後継者やその他の株主へ贈与又は譲渡する株式は議決権制限株式又は完全無議決権株式とすれば、オーナー経営者の保有議決権割合を維持しつつ、財産としての株式は少なくすることができます。

＜完全無議決権株式を発行する場合の定款の定め＞

（A種類株式）
第○条　A種類株式を有する株主は、株主総会において決議すべき全ての議案について議決権を有しないものとする。

【無議決権株式の相続税評価】（「種類株式の評価について（情報）」（平19・3・9資産評価企画官情報第1ほか））

無議決権株式の相続税評価については、以下のとおりとされています。

1　無議決権株式及び議決権のある株式の評価（原則）

無議決権株式を発行している会社の無議決権株式及び議決権のある株式については、原則として、議決権の有無を考慮せずに評価する。

2　無議決権株式及び議決権のある株式の評価（選択適用）

上記1のとおり、議決権の有無を考慮せずに評価することを原則とするが、一方では、議決権の有無によって株式の価値に差が生じるのではないかという考え方もあることを考慮し、同族株主が無議決権株式（社債類似株式を除く。）を相続又は遺贈により取得した場合には、納税者の選択により、配当優先株式の評価又は原則的評価方式により評価した価額から、その価額に５％を乗じて計算した金額を控除した金額により評価するとともに、当該控除した金額を当該相続又は遺贈により同族株主が取得した当該会社の議決権のある株式の価額に加算した金額で評価することができる。

（注）無議決権株式を相続又は遺贈により取得した同族株主間及び議決権のある株式を相続又は遺贈により取得した同族株主間では、それぞれの株式の１株当たりの評価額は同一となる。

（５）　会社法109条２項の属人的定め

会社法109条２項の定め（属人的定め）によって、株式の自由な売買が制限されている株式会社に限り、株主の権利のうち利益の配当・残余財産の分配・議決権について、その持株数にかかわらず、「株主ごと」に異なる取扱いができます。

属人的定めは、譲渡制限会社においては定款に定めることができますが、種類株式と異なり、登記をすることはできません。定款変更は、株主総会において全ての株主の半数以上かつ、全ての株主の議決権の４分の３以上の賛成が必要です。また、株主ごとに異なる定めであるため、当該株主が保有していた株式の承継人には、当該条件は及びません。

例えば、父が所有する場合には１株につき100個の議決権を与えるなどと定款に規定することで、父は最小限の株式を保有することで、その会社を実質的に「支配すれども所有せず」というような状態におくこともできます。

なお、合同会社の場合の意思決定は、①出資金額による多数決②社員の頭数による多数決がありますが、定款の定め（下記の定款の見本参照）によって②の特定の社員の議決権を多くする方法も考えられます。

＜合同会社の場合の属人的定め＞

第○条　社員山本○○と佐藤××は業務執行社員とし、当会社の業務を執行するものとする。

２　業務執行は、業務執行社員の議決権の過半数をもって決定する。ただし、社員山本○○は10個、その他の業務執行社員は各１個の議決権を有するものとする。

3　会社規模区分の引上げ　長　期

評価対象会社の会社規模区分（大・中・小）を確認し、次に、類似業種比準価額と純資産価額を確認します。類似業種比準価額が低い会社は、会社規模区分をランクアップさせるだけで株価を引き下げることができます。

そのため、評価対象会社が、類似業種比準価額＜純資産価額か、類似業種比準価額≧純資産価額かの確認が欠かせません。

会社の規模区分は、卸売業、小売・サービス業又はそれらの業種以外の業種の別に、直前期末以前１年間の従業員数を加味した直前期末の総資産価額（帳簿価額）、又は直前期末以前１年間の取引金額のいずれか大きい方で判定します。具体的には、次の「会社規模の判定基準」に基づいて判定します。

＜会社規模の判定基準＞

会社規模区分の判定は、従業員数が70人以上の会社は「大会社」とされ、従業員数が70人未満の会社は、①従業員数を加味した総資産金額を基にした会社規模判定と、②取引金額を基にした会社規模判定のいずれか大きい会社とされます。

＜①従業員数を加味した総資産基準＞

総資産価額（帳簿価額）＼従業員数			５人以下	20人以下５人超	35人以下20人超	69人以下35人超	70人以上
卸売業	小売・サービス業	その他の業種					
20億円以上	15億円以上	15億円以上					大会社

4億円以上	5億円以上	5億円以上	中会社の大
2億円以上	2.5億円以上	2.5億円以上	中会社の中
7千万円以上	4千万円以上	5千万円以上	中会社の小
7千万円未満	4千万円未満	5千万円未満	小会社

＜②取引金額基準＞（取引金額は直前期末以前1年間の金額）

取引金額			会社規模
卸売業	小売・サービス業	その他の業種	
30億円以上	20億円以上	15億円以上	大会社
7億円以上	5億円以上	4億円以上	中会社の大
3.5億円以上	2.5億円以上	2億円以上	中会社の中
2億円以上	6千万円以上	8千万円以上	中会社の小
2億円未満	6千万円未満	8千万円未満	小会社

＜会社規模区分の判定例＞

	業種	総資産額	従業員数	判定	取引金額	判定	会社規模
A社	卸売業	3億円	15人	中の小	6億円	中の中	中会社の中
B社	サービス業	8億円	25人	中の中	1億円	中の小	中会社の中
C社	製造業	9億円	40人	中の大	16億円	大会社	大会社

＜一般の評価会社の自社株の相続税評価額（支配権を有する同族株主の場合）＞

（単位：円）

<table>
<tr><th colspan="2">会社規模区分</th><th colspan="2">評価方式</th></tr>
<tr><td colspan="2">大会社</td><td>類似業種比準価額</td><td rowspan="5">１株当たりの純資産価額とのいずれか少ない金額</td></tr>
<tr><td rowspan="3">中会社</td><td>大</td><td>類似業種比準価額 × 0.90 ＋ １株当たりの純資産価額(注) × 0.10</td></tr>
<tr><td>中</td><td>類似業種比準価額 × 0.75 ＋ １株当たりの純資産価額(注) × 0.25</td></tr>
<tr><td>小</td><td>類似業種比準価額 × 0.60 ＋ １株当たりの純資産価額(注) × 0.40</td></tr>
<tr><td colspan="2">小会社</td><td>類似業種比準価額 × 0.50 ＋ １株当たりの純資産価額(注) × 0.50</td></tr>
</table>

(注)議決権割合が50％以下の同族株主グループに属する株主については、その80％で評価します。

【設　例】

＜会社規模区分別純資産価額と類似業種比準価額＞

（単位：円）

	純資産価額	会社規模区分別・類似業種比準価額(注)		
		大会社	中会社	小会社
Ａ社	500	126	108	90
Ｂ社	300	210	180	150
Ｃ社	150	294	252	210

(注)類似業種比準価額の計算において、斟酌率が大会社0.7、中会社0.6、小会社0.5とされているため、大会社の類似業種比準価額126円の場合、中会社では（126円 ÷ 0.7）× 0.6 ＝ 108円、小会社では（126円 ÷ 0.7）× 0.5 ＝ 90円と計算される。

＜会社規模区分別株価＞　(単位：円)

	大会社	中会社			小会社
		大（注）	中	小	
A社	126	147	206	264	295
B社	210	192	210	228	225
C社	150	150	150	150	150

(※)純資産価額は変動しないものと仮定。

(注)A社が中会社の大の場合、108円 × 0.9 + 500円 ×（1 − 0.9）= 147円となる。

上記A社又はB社の場合には、一部の例外（B社の場合の「中会社の大」）を除き、会社規模区分をランクアップ（小会社→中会社→大会社）すればそれだけで株価は下落します。

しかし、C社の場合には、会社規模区分をランクアップしても株価は変動しません。

4 特定の評価会社に該当している場合には特定会社はずしを実行する 長　期

（１） 比準要素数１の会社

比準要素数１の会社とは、類似業種比準価額の計算において使用する「１株当たりの配当金額」、「１株当たりの利益金額」及び「１株当たりの純資産価額（帳簿価額）」の比準要素のうち、直前期末における２の比準要素について「０」となっており、かつ、直前々期末における２以上の比準要素についても「０」となっている会社をいいます。

なお、配当金額及び利益金額については、直前期末以前３年間の実績を反映して判定することとされています。

【設　例】比準要素数１の会社の判定のための「１株当たりの利益金額」の判定

比準要素数１の会社の判定のための「１株当たりの利益金額」は、以下のように判定します。

	ケース１	ケース２	ケース３	ケース４
①　直前期	△20円	１円	△20円	△20円
②　直前々期	22円	△15円	15円	△15円
③　直前々期の前期	10円	10円	△10円	17円

＜ケース１＞　直前期はマイナスですが、①＋②の二期平均利益金額がプラスとなりますので、比準要素数１の会社に該当しません。

＜ケース２＞　①の直前期がプラスですので、比準要素数１の会社に該当しません。

＜ケース３＞　直前期はマイナスで、かつ、①＋②の二期平均利益金額がマイナスですが、②＋③の二期平均利益金額がプラスとなりますので、比準要素数１の会社に該当しません。

<ケース４>　直前期はマイナスで、かつ、①及び②の利益金額がマイナスですが、②＋③の二期平均利益金額がプラスとなりますので、比準要素数１の会社に該当しません。

さらに、ケース２の場合には、株式等の評価計算においても、①＋②の二期平均の利益金額を選択するようにした方が株式等の評価額は低くなるケースもありますので、選択を誤らないように注意が必要です。

比準要素数１の会社に該当している場合には、会社規模区分に関わらず、「類似業種比準価額 × 0.25 ＋ 純資産価額 × 0.75」で評価することとされています。そのため、類似業種比準価額が純資産価額より低い会社においては、株価は高く評価されることとなります。

【設　例】

<会社規模区分別純資産価額と類似業種比準価額>

（単位：円）

	純資産価額	会社規模区分別・類似業種比準価額（注）		
		大会社	中会社	小会社
Ａ社	500	126	108	90
Ｂ社	300	210	180	150
Ｃ社	150	294	252	210

（注）類似業種比準価額の計算において、斟酌率が大会社0.7、中会社0.6、小会社0.5とされているため、大会社の類似業種比準価額126円の場合、中会社では（126円 ÷ 0.7）× 0.6 ＝ 108円、小会社では（126円 ÷ 0.7）×0.5 ＝ 90円と計算される。

<比準要素数１の会社に該当している場合の株価>

（単位：円）

	大会社	中会社			小会社
		大（注）	中	小	
Ａ社	406	402	402	402	397

B社	277	270	270	270	262
C社	150	150	150	150	150

(※)純資産価額は変動しないものと仮定。

(注) A社が中会社の大である場合、108円 × 0.25 ＋ 500円 ×（1 － 0.25） ＝ 402円となる。

【参　考】一般の評価会社に該当する場合の会社規模区分別株価

（単位：円）

	大会社	中会社			小会社
		大（注）	中	小	
A社	126	147	206	264	295
B社	210	192	210	228	225
C社	150	150	150	150	150

(注) B社が中会社の大である場合、180円 × 0.9 ＋ 300円 ×（1 － 0.9） ＝ 192円となる。

例えば、A社で会社規模区分が「中会社の小」である場合に、比準要素数１の会社に該当すると、株価は402円となります。しかし、A社が比準要素数１の会社でなければ、108円 × 0.6 ＋ 500 ×（1 － 0.6） ＝ 264円となります。そのため、比準要素数１の会社に該当しないように、配当を行うなどの対策が必要となります。

比準要素数１の会社に該当する場合で、自社株の相続税評価額が高いケースでは、過去の利益の蓄積額や含み益が多くあり純資産価額が高い事例と考えられます。そのため、配当原資は十二分にあるはずで、配当を行うことが最も簡単な選択であると思われます。この場合、１株（50円）当たりの配当金が直前期末以前２年間の平均で求めることや、少額な配当を行う場合、１株（50円）当たりの年配当金額は、「10銭未満切捨て」とされていることにも注意が必要です。

＜比準要素数１の会社の判定＞

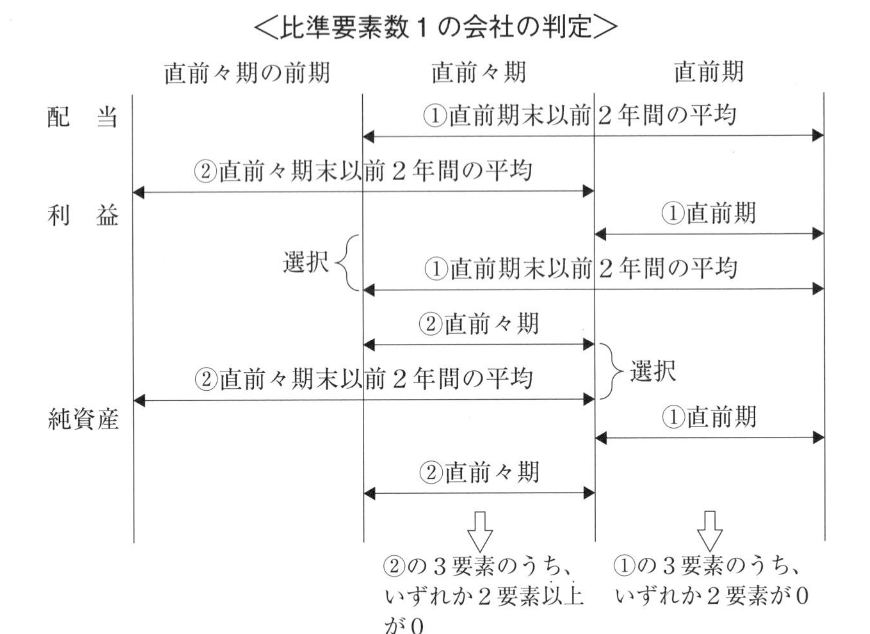

＊比準要素判定の際の端数処理

端数処理を行って０円となる場合には、その比準要素は０とされます。端数処理は、「取引相場のない様式（出資）の評価明細書」の「第４表　類似業種比準価額等の計算明細書」の各欄の表示単位未満の端数を切り捨てることとされています。

・１株当たりの配当金額……………………10銭未満切捨て
・１株当たりの利益金額……………………円未満切捨て
・１株当たりの純資産価額…………………円未満切捨て
・１株当たりの配当金額の比準割合………小数点２位未満切捨て
・１株当たりの利益金額の比準割合………小数点２位未満切捨て
・１株当たりの純資産価額の比準割合……小数点２位未満切捨て
・比準割合の計算における比準割合………小数点２位未満切捨て
・１株（50円）当たりの比準価額…………10銭未満切捨て
・１株当たりの比準価額……………………円未満切捨て

（２）　比準要素数０の会社（開業後３年未満の会社等）

比準要素数０の会社とは、課税時期に係る直前期末を基とした類似業種比準価額計算上の評価会社の「１株当たりの配当金額」、「１株当たりの利益金額」及び「１株当たりの純資産価額（帳簿価額によって計算した金額）」のそれぞれの金額がいずれも０であるものをいいます。比準要素数０の会社は、比準要素数１の会社の判定とは異なり、課税時期に係る直前期末の状況のみをもって判定することに留意する必要があります。

(注)配当金額及び利益金額については、直前期末以前２年間の実績を反映して判定します。

<table>
<tr><th colspan="3"></th><th>直前々期</th><th>直前期</th></tr>
<tr><td>配当</td><td colspan="2">直前期基準</td><td colspan="2">直前期末以前２年間の平均により計算</td></tr>
<tr><td rowspan="2">利益</td><td>単年度</td><td rowspan="2">選択</td><td>―</td><td>直前期（１年間）で計算</td></tr>
<tr><td>２年平均</td><td colspan="2">直前期末以前２年間の平均により計算</td></tr>
<tr><td>純資産</td><td colspan="2">直前期末基準</td><td>―</td><td>直前期末で計算</td></tr>
</table>

比準要素数０の会社は、純資産価額（相続税評価額によって計算した金額）によって評価することとされていますが、議決権割合が50％以下の同族株主グループに属する株主については、その80％で評価することとされています。

比準要素数０の会社は、帳簿価額によって計算した純資産価額が「０」であることから、自社株の評価額は高くない事例が多いと思いますが、以下の設例のような場合もありますので、安心は禁物です。

【設　例】

1.　Ａ社の概要

①　１株当たりの配当金額　０円

②　１株当たりの利益金額　０円

③　純資産価額

資本金額（1,000万円）、法人税法に規定する資本積立金額（1,000万円）、法人税法に規定する利益積立金額（△3,000万円）

④　発行済株式数　200,000株（父が全株所有している。）

⑤　評価明細書第５表　（単位：千円）

資産の部			負債の部		
勘定科目	相続税評価額	帳簿価格	勘定科目	相続税評価額	帳簿価格
株式	20,000	1,000	諸負債	28,000	28,000
借地権	60,000	0			
保険積立金	4,000	2,000			
その他	15,000	15,000			
合　計	99,000	18,000	合　計	28,000	28,000

2.　Ａ社株式の相続税評価額（課税時期現在の純資産価額）

Ａ社は、課税時期に係る直前期末では、３つの比準要素がいずれも０であることから、「比準要素数０の会社」に該当し、純資産価額によって評価します。

１株当たりの純資産価額は以下のように計算します。

①　相続税評価額による純資産価額　99,000千円 － 28,000千円 ＝ 71,000千円

②　帳簿価額による純資産価額　18,000千円 － 28,000千円 ＜ 0 ∴ 0

③　評価差額に相当する金額　① － ② ＝ 71,000千円

④　評価差額に対する法人税額等相当額　71,000千円 × 37% ＝ 26,270千円

⑤　課税時期現在の純資産価額　71,000千円 － 26,270千円 ＝ 44,730千円

3.　解　説

社歴の長い会社などでは、含み益を相当額有する会社もあります。

特に、地価の高い所で事業を行っている会社の場合に、土地を第三者（社長であることも珍しくありません。）から賃借しているときなどでは、高額な借地権を有することもあります。

設例におけるA社は帳簿価額で判定すると、債務超過となっています。しかし、簿外資産などを含めて相続税評価額で純資産価額を求めると、自社株の相続税評価額は44,730千円となります。

【コラム】借地権の確認

純資産価額を求める場合に、注意したい財産に借地権の有無があります。借地権の確認のためには、会社が所有している土地や建物については、貸借対照表や固定資産税の課税明細書などから把握します。可能であれば、住宅地図上に物件の所在場所などを色塗りしておけば一目瞭然です。さらに、土地と建物の関係を図表化すると分かりやすいと思います。

チェックポイントは、会社が建物しか所有していない場合に、その敷地に対して借地権を有しているのか否かの確認です。第三者から土地を借りて、会社が建物を建てている場合には、会社が借地権を有していると考えられます。しかし、同族関係者などから土地を借りている場合には、借地権の有無についての判定は慎重に行わなければなりません。

「土地の無償返還に関する届出書」や「相当の地代の改訂方法に関する届出書」などの提出の有無、権利金や地代の支払の有無や地代の額など賃貸借契約書の確認を行うことで、会社の借地権について判定することができます。

（3）　株式等保有特定会社

優良な法人においては、事業部門を分社したりして複数の子会社を有している事例が少なくありません。この場合、親会社が有している子会社の株式は株式等保有特定会社の判定の基礎となる株式等に該当します。また、仕事上の取引の関係から、その取引先の株式を保有していたり、財テクとして保有している上場株式等が大きく値上がりしていて、株式等保有特定会社に該当していることもあります。

そこで、課税時期において評価会社の有する各資産を相続税評価額により評価した価額の合計のうちの株式等の割合を50％未満にすれば、「一般の評価会社」に該当し、自社株の相続税評価額を引き下げることができます。

具体的な対策は、以下のいずれかの方法になると思います。

①　上場株式等を譲渡する

最も簡単で直接的な対策です。保有する上場株式等を売却すれば評価会社が所有する資産が、上場株式等から現預金に代わることで株式等保有特定会社から脱却することができます。しかし、その上場株式等の取得価額が低い場合には、多額の株式等の譲渡益が生じて法人税の負担が重くなることもあります。

②　賃貸不動産等の取得

株式等の割合を50％未満にするために、賃貸不動産などを銀行借入金で取得します。また、工場や店舗の新築・増改築など事業に必要な不動産を取得することも選択肢の一つです。

③　①と②の併用

不動産の取得資金を捻出するために、上場株式等を譲渡し、不足する資金は銀行で調達することも効果的な方法であると思います。

(※) 株式等保有特定会社や土地保有特定会社を免れるために課税時期前（課税時期３年前と定めていません。）において、合理的理由もなく資産構成を変動した場合は、その変動はなかったものとする通達があります（評基通189なお書）。

5　１株当たりの配当金額や利益金額を引き下げる　長　期

類似業種比準価額を算出する際における「評価会社の１株当たりの配当金額」は、直前期末以前２年間におけるその会社の剰余金の配当金額（特別配当、記念配当等の名称による配当金額のうち、将来毎期継続することが予想できない金額を除きます。）の合計額の２分の１に相当する金額を、直前期末における発行済株式数（１株当たりの資本金等の額が50円以外の金額である場合には、直前期末における資本金等の額を50円で除して計算した数によるものとします。）で除した金額とします（評基通188－２）。

年配当金額を過去２年間の平均配当金額によることとしているのは、特定の事業年度のみの配当金額を採用することによる評価の危険性を排除し、ある程度の期間における配当金額を平均することによって通常的な配当金額を求め、その配当金額を上場株式のそれと比較することによって安定性のある評価を行うためです。

また、配当について、優先・劣後のある株式を発行している評価会社の株式を類似業種比準方式によって評価する場合には、株式の種類ごとにその株式に係る配当金額によって評価します（「種類株式の評価について（情報）」平19・３・９資産評価企画官情報１ほか）。

１株当たりの配当金額を引き下げることで、自社株の評価額（類似業種比準価額）がどのように変動するのか設例で確認します。

【設　例】

1.　評価会社（大会社）の比準要素の金額

①　配当金額　20円

②　利益金額　50円

③　純資産価額　1,000円

2．上場会社の類似業種の株価等
　①　株価　400円
　②　配当金額　5円
　③　利益金額　25円
　④　純資産価額　500円
3．類似業種比準価額
　400円 ×（20円 ÷ 5円 ＋ 50円 ÷ 25円 ＋ 1,000円 ÷ 500円）÷ 3 × 0.7 ＝ 744円（円未満切り捨て）
4．評価会社の配当金額がゼロの場合
　400円 ×（0円 ÷ 5円 ＋ 50円 ÷ 25円 ＋ 1,000円 ÷ 500円）÷ 3 × 0.7 ＝ 372円（円未満切り捨て）

以上のように、1株当たりの配当金額を引き下げることで自社株の評価額は下落します。

その場合、株主の大半が、支配権を有する株主で占めている場合には、配当金額をゼロとする株主総会の決議には特段困難は伴わないものと思われます。

6　値上がりが予想される自社株は孫へ相続時精算課税によって贈与する　長　期

自社株の相続税評価額が最も低いと思われるタイミングで、父から18歳以上の孫へ相続時精算課税によって自社株を贈与し、自社株の相続税評価額を固定（相続税評価額の値上がり防止）します。父の相続が開始した後、孫は贈与を受けた自社株を発行会社へ譲渡（金庫株）し、必要な相続税の納税資金を確保します。

この場合に、孫はみなし配当課税の特例の適用を受けることができます。

みなし配当課税の特例は、相続又は遺贈により財産を取得して相続税を課税された人が、一定の間に、相続税の課税の対象となった非上場株式をその発行会社に譲渡した場合においては、その人が株式の譲渡の対価として発行会社から交付を受けた金銭の額が、その発行会社の資本金等の額のうちその譲渡株式に対応する部分の金額を超えるときであっても、その超える部分の金額は配当所得とはみなされず、発行会社から交付を受ける金銭の全額が株式の譲渡所得に係る収入金額とされます（租特9の7）。

この特例は、相続税額に係る課税価格（生前贈与加算対象財産又は相続時精算課税の適用財産を含みます。）の計算の基礎に算入された資産の譲渡をした場合に適用を受けることができるとしています（租特9の7①）。

また、相続又は遺贈により取得した土地、建物、株式などの財産を、一定期間内に譲渡した場合に、相続税額のうち一定金額を譲渡資産の取得費に加算することができます。

この特例は、相続税額に係る課税価格（生前贈与加算対象財産又は相続時精算課税の適用財産を含みます。）の計算の基礎に算入された資産の譲渡をした場合に適用を受けることができるとしています（租特39①）。

【設　例】孫へ自社株を相続時精算課税によって贈与する

1.　被相続人　父（90歳、令和6年3月死亡）
2.　相続人　長男（長男には子（甲、25歳）がいる。）
3.　相続財産　A社株式1億円（令和2年の評価額は4,000万円）、その他の財産2億円
4.　生前贈与
　父は、令和2年に長男の子（甲）へA社株式5,000万円を相続時精算課税によって贈与し、甲は贈与税500万円を納付している。
5.　相続税の計算　（単位：万円）

	長　男	長男の子（甲）
A社株式	10,000	—
その他の財産	20,000	—
相続時精算課税適用財産	—	（※）5,000
課税価格	30,000	5,000
相続税の総額	11,500	
各人の算出税額	9,857	1,643
相続税額の2割加算	—	329
相続時精算課税分の贈与税額控除	—	△500
納付税額	9,857	1,472

（※）贈与がなかった場合のA社株式は、12,000万円となる。

＜孫がA社株式をA社へ譲渡した場合の譲渡所得税等＞

孫は相続したA社株式2,000万円（相続税評価額）を、令和6年12月にA社へ2,200万円（時価）で譲渡した。なお、取得費は150万円と仮定する。

1．取得費加算の額

① 相続税額　1,472万円 ＋ 500万円 ＝ 1,972万円

② 取得費加算の額　1,972万円 ×（2,000万円 ÷ 5,000万円）＝ 788.8万円

【取得費加算の計算】

その者の相続税額 × その者の相続税の課税価格の計算の基礎とされたその譲渡した財産の相続税評価額 ／（その者の取得財産の価額 ＋ その者の相続時精算課税適用財産の価額 ＋ その者の純資産価額に加算される暦年課税分の贈与財産の価額）＝ 取得費に加算する相続税額

2．譲渡所得税

2,200万円 －（150万円 ＋ 788.8万円）＝ 12,612,000円

12,612,000円 × 20.315％ ≒ 2,562,100円

3．譲渡後の手残り額

2,200万円 －（1,472万円 ＋ 2,562,100円）＝ 4,717,900円

＜その者の相続税額＞

【租税特別措置法】

（相続財産に係る譲渡所得の課税の特例）

第39条　①～５　〔省略〕

６　第１項に規定する相続税法の規定による相続税額は、同一の被相続人（第70条の６第１項に規定する被相続人をいう。）からの相続又は遺贈による財産の取得をした者のうちに同条第１項の規定の適用を受ける者がある場合には、同条第２項に規定する納付すべき相続税の額とし、同法第20条、第21条の15第３項又は第21条の16第４項の規定により控除される金額がある場合には、同法の規定による相続税額又は当該納付すべき相続税の額に当該金額を加算した金額とする。（下線は筆者）

７～10　〔省略〕

【租税特別措置法施行令】

（相続財産に係る譲渡所得の課税の特例）

第25条の16　①・２　〔省略〕

３　相続又は遺贈による財産の取得をした個人の当該相続又は遺贈につき相続税法第19条の規定の適用がある場合には、当該個人に係る法第39条第１項に規定する相続税法の規定による相続税額は、同法第19条の規定により控除される贈与税の額がないものとして計算した場合のその者の同法の規定による納付すべき相続税額（法第39条第６項の規定の適用がある場合には、その適用後の金額）に相当する金額とする。（下線は筆者）

7　非上場株式等についての贈与税の納税猶予制度と相続時精算課税の適用　長　期

非上場株式等の価額が上昇傾向にある場合には、非上場株式等についての贈与税の納税猶予の適用以外の選択肢として、相続時精算課税によって後継者へ一括して贈与することも考えられます。

相続時精算課税は、贈与者は60歳以上の父母又は祖父母、受贈者は18歳以上の推定相続人である子（代襲相続人を含みます。）又は孫であれば適用を受けることができます。そのため、60歳以上の親又は祖父母から、18歳以上の子又は孫への承継であれば相続時精算課税贈与の適用を受けることができます。

相続時精算課税の適用を受けて非上場株式等を贈与すれば、多額の贈与額であっても基礎控除額（110万円）及び複数年にわたり利用できる特別控除額2,500万円の控除後の金額に対して一律20％の税率で計算して贈与税額を求めることになるため、贈与税の負担は軽減されます。そして、贈与者が死亡したときには、贈与を受けた時の価額で贈与者の相続財産に加算され、相続税によって精算されることとされています。そのため、非上場株式等の価額が値上がりする前に相続時精算課税によって贈与をしておけば贈与時の価額で固定させる効果が得られます。

しかし、非上場株式等についての贈与税の納税猶予の適用を受けないで相続時精算課税による贈与を選択した場合、非上場株式等についての相続税の納税猶予の適用を受けることができないことに留意しておかなければなりません。

一方、非上場株式等についての贈与税の納税猶予を受けると、贈与を受けた非上場株式等は原則としてその後、自由に譲渡等をすることができなくなります。譲渡等をした場合には、納税猶予が取り消され猶予されている税額及び利子税の負担が生じることになります。

以上のようにそれぞれ一長一短がありますので、いずれの方式を選択するか慎重な判断が必要です。

＜贈与税の納税猶予（特例措置）と相続時精算課税の比較一覧表＞

	非上場株式等についての贈与税の納税猶予		相続時精算課税
	暦年課税	相続時精算課税	
対象会社（株式等）	特例認定贈与承継会社に該当する会社（都道府県知事による認定が必要）		要件なし
贈与者の要件	会社の代表権を有していた者など一定の要件を満たす者（年齢要件はない。）	会社の代表権を有していた者など一定の要件を満たす者（親族外の者も対象・年齢要件は右欄に同じ。）	贈与年の１月１日時点で、60歳以上の父母又は祖父母
受贈者の要件	18歳以上で代表権を有していることなど一定の要件を満たす者（親族外の者も対象）	18歳以上で代表権を有していることなど一定の要件を満たす者（親族外の者も含む・年齢要件は右欄に同じ。）	贈与年の１月１日時点で、18歳以上の推定相続人である子（代襲相続人を含む。）又は孫
贈与財産	一定の非上場株式等（贈与する株式数などの要件がある。）		贈与する財産の種類・株式数などに制限はない。
贈与税の税率	10%～55%	20%	20%

納付税額	暦年贈与によって計算した贈与税は全額猶予される。	贈与財産の価額の合計額から、基礎控除額（110万円）及び複数年にわたり利用できる特別控除額（限度額：2,500万円。ただし、前年以前において、既にこの特別控除額を控除している場合は、残額が限度額となる。）を控除した後の金額に、一律20％の税率を乗じて算出した贈与税は全額猶予される。	贈与財産の価額の合計額から、基礎控除額（110万円）及び複数年にわたり利用できる特別控除額（限度額：2,500万円。ただし、前年以前において、既にこの特別控除額を控除している場合は、残額が限度額となる。）を控除した後の金額に、一律20％の税率を乗じて算出した贈与税を納付
納税猶予取消時の贈与税	累進税率で贈与税が課されているため、納付する贈与税負担が多額になる。 ただし、利子税も必要。	暦年贈与と比較して納付する贈与税は少ない。 ただし、利子税も必要。	—
特例受贈非上場株式等以外の財産の贈与	暦年贈与によって課税される。	相続時精算課税として課税される。	相続時精算課税として課税される。

<table>
<tr><td>贈与者が先に死亡</td><td colspan="2">贈与を受けた時の価額で相続財産に加算され、猶予されている贈与税は免除される。</td><td>贈与を受けた時の価額で相続財産に加算される。</td></tr>
<tr><td>相続税の申告（贈与者が先に死亡した場合）</td><td colspan="2">相続により取得したものとみなし、非上場株式等についての相続税の納税猶予を選択することができる。</td><td>納付した贈与税は相続税から控除され、控除しきれない金額は還付されるが、相続税の納税猶予を選択することはできない。</td></tr>
<tr><td>手　続</td><td>都道府県知事による認定＋税務署へ贈与税の納税猶予などの申告が必要。また、贈与者の相続開始までの一定の間、定期的に継続届出書などの報告義務がある。</td><td>左欄の手続に加えて、贈与を受けた翌年３月15日までに、「相続時精算課税選択届出書」の提出と贈与税の申告が必要。</td><td>贈与を受けた翌年３月15日までに、「相続時精算課税選択届出書」の提出と贈与税の申告が必要。</td></tr>
</table>

8 遺言書を作成し、後継者が議決権を確保できるようにしておく 短　期

未分割遺産である株式は準共有状態にあるため、会社法106条により、株式についての権利を行使するためには、権利を行使する者を一人定め、その氏名をその会社に通知することが必要で、これをしなければ、その会社がその権利を行使することに同意した場合を除き、その株式についての権利を行使することができません。

そのため、遺言書で確実に過半数を超える議決権を、後継者が確保できるようにしておかなければ、被相続人が考える後継者以外の者が経営権を握ることになるかもしれません。

設例で検証します。

【設　例】

【A社の概要】

①　発行済株式総数　1,000株（全て普通株式で１株１個の議決権）

②　株主構成　父（被相続人）600株、長男（後継予定者）400株
なお、父の相続人は、長男、二男及び長女の３名。

父の遺産分割協議が紛糾しA社株式の分割協議が調わない場合、A社株式は準共有状態にあるため株式600株の議決権の行使について、相続人の３人がそれぞれ１/３ずつ持分を有していることから、相続人３人のうち２人が合意すれば、持分の過半数をもって議決権を行使する者を選任することができます（最判平９・１・28判時1599・139、最判平27・２・19判時2257・106）。そのため、二男及び長女が合意してA社株式の議決権を行使する者を二男と定め、A社に通知すれば、二男が600株の議決権を行使することができます。その結果、二男が有する

議決権数は過半数となり、二男又は長女が会社の経営権を握ることができます。

また、「会社法106条ただし書きは、準共有状態にある株式の準共有者間において議決権の行使に関する協議が行われ、意思統一が図られている場合にのみ、権利行使者の指定及び通知の手続を欠いていても、会社の同意を要件として権利行使を認めたものと解するのが相当であるところ、準共有者間において準共有株式の議決権行使について何ら協議が行われておらず、意思統一も図られていない場合には、会社の同意があっても、準共有者の１名が代理人によって準共有株式について議決権の行使をすることはできず、準共有株式による議決権の行使は不適法と解すべきである。」（東京高決平24・11・28判タ1389・256要旨）とする判決の控訴審（最判平27・２・19判時2257・106）においてもその判断が支持されています。

以上のことから、父が長男へ事業を承継させたいと考える場合には、生前贈与によってＡ社株式の過半数を贈与しておくか、遺言書によって長男がＡ社株式を相続することができるようにしておかなければなりません。そうすることで、非上場株式等についての納税猶予の適用を受けることができ、スムーズな事業承継に役立ちます。

また、遺言書が残されていれば、遺留分の請求が行われたとしても、令和元年７月１日以後に開始した相続から、遺留分減殺請求権（形成権）が、遺留分侵害額請求権（財産権）に変更することとされたことから、株式等が準共有状態に戻ることはありません。

【判決の要旨①】

持分の準共有者間において権利行使者を定めるに当たっては、持分の価格に従いその過半数をもってこれを決することができるものと解するのが相当である。けだし、準共有者の全員が一致しなければ権利行使者を指定することができないとすると、準共有者のうちの一人でも反対すれば全員の社員権の行使が不可能となるのみならず、会社の運営にも支障を来すおそれがあり、会社の事務処理の便宜を考慮して設けられた規定の趣旨にも反する結果となるからである。

（最判平９・１・28判時1599・139）

【判決の要旨②】

共有に属する株式についての議決権の行使は、当該議決権の行使をもって直ちに株式を処分し、又は株式の内容を変更することになるなど特段の事情のない限り、株式の管理に関する行為として、民法252条本文により、各共有者の持分の価格に従い、その過半数で決せられるものと解するのが相当である。

（最判平27・2・19判時2257・106）

【会社法】

（共有者による権利の行使）

第106条　株式が二以上の者の共有に属するときは、共有者は、当該株式についての権利を行使する者一人を定め、株式会社に対し、その者の氏名又は名称を通知しなければ、当該株式についての権利を行使することができない。ただし、株式会社が当該権利を行使することに同意した場合は、この限りでない。

【民法】

（共有物の管理）

第252条　共有物の管理に関する事項〔中略〕（次条第一項に規定する共有物の管理者の選任及び解任を含み、共有物に前条第一項に規定する変更を加えるものを除く。次項において同じ。）は、各共有者の持分の価格に従い、その過半数で決する。〔中略〕共有物を使用する共有者があるときも、同様とする。

2～5　〔省略〕

なお、遺産未分割の状態は、遺産の分割により具体的に相続財産を取得するまでの暫定的、過渡的な状態であり、将来、各相続人等がその法定相続分等に応じて確定的に取得するとは限りません。そこで、自社株の相続税評価額を判定する場合の議決権数は、それぞれの相続人が株式等の全部を取得するものとして行う必要があります。

9　生前贈与を受けた自社株は遺言書によって遺留分侵害額算定基礎財産に算入されないようにしておく　短　期

（1）　遺留分制度の概要

遺言書があればその遺言書どおり遺産が分割されるかというと、必ずしもその遺志どおりに遺産が承継されるとは限りません。これは遺留分制度が設けられているからです。

遺留分とは、被相続人の一定の近親者のために法律上留保しなければならない相続財産中の一定の割合をいいます。私有財産性社会では、自らの財産を生前や死後においても自由に処分できるのが建前ですが、これを無条件に認めることとなると、配偶者や子など遺族の生活保障や、相続人による被相続人の財産形成への有形無形の寄与が全く考慮されないこととなります。遺留分制度は被相続人、相続人両者の利益を調整しようとするものです。

被相続人が遺留分を侵害する贈与や遺贈をしても、それが当然に無効になるわけではありません。遺留分の侵害があった場合には、遺留分権利者などに遺留分侵害額を請求できる権利を付与しています。

なお、平成30年の民法改正によって、令和元年7月1日以後に開始した相続から、受遺者等の法定安定性と相続人間の実質的公平という、相反する2つの要請の調和の観点から、相続人への生前贈与については相続開始前の10年間にされたものに限り、遺留分を算定するための財産の価額に含めることとされました（民1044③）。

【遺留分算定の基礎となる財産の価額】

<遺留分権利者が配偶者や子などである場合の遺留分の計算の図>

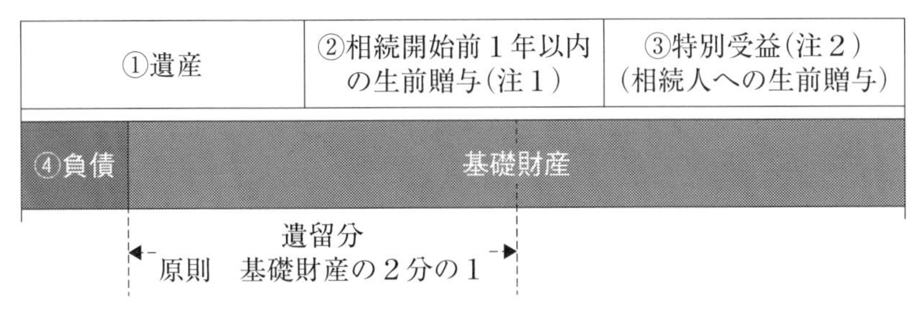

(注１)贈与は、相続開始前１年間にしたものに限り、遺留分算定の基礎となる財産の価額に算入されます。ただし、相続開始の１年前の日より前にした贈与でも、当事者双方が遺留分権利者に損害を与えることを知って行ったものは、遺留分算定基礎財産に算入されます（民1044①）。

(注２)生前贈与が相続人に対して行われ、それが特別受益に該当する場合でも、原則として相続開始前10年以内の贈与に限り遺留分算定基礎財産に含まれます（民1044③）。また、相続人が相続の放棄をした場合には、原則として相続開始前１年以内の贈与に限り、遺留分算定基礎財産に含まれます。

【遺留分の額の計算】

遺留分算定の基礎となる財産の価額 × 総体的遺留分の割合 × 個別的遺留分の割合

【遺留分割合】（民1042）

法定相続人	総体的遺留分	法定相続分	個別的遺留分
配偶者と子１人	1／2	配偶者１／２ 子１／２	配偶者１／４ 子１／４
配偶者と子２人	1／2	配偶者１／２ 子１／４ずつ	配偶者１／４ 子１／８ずつ
配偶者と親（父母）	1／2	配偶者２／３ 親１／３	配偶者１／３ 親１／６（父母それぞれ１/12ずつ）
親（父母）のみ	1／3	父母で１／２ずつ	父母１／３ （父母それぞれ１／６ずつ）

配偶者と兄弟姉妹	1/2	配偶者3/4 兄弟姉妹1/4	配偶者1/2（兄弟姉妹には遺留分が認められていないため、配偶者の遺留分は総体的遺留分と同額となる。）

【設　例】相続人に対する生前贈与がある場合に遺言書の有無による取扱いの差異

1．被相続人　父（令和6年3月死亡）

2．相続人　　長男・長女

3．相続財産と遺言書

　遺言書において、その他の財産2億円は、長男12,000万円、長女8,000万円相続させるとしている。

4．その他　父は平成20年に長男へ自社株1億円（相続開始時の時価3億円）を相続時精算課税によって贈与している。

5．相続税の計算　　（単位：万円）

	遺言書がある場合		遺言書がない場合 法定相続分により 遺産分割	
	長男	長女 （※1・2）	長男（※3）	長女
その他の財産	12,000	8,000	0	20,000
相続時精算課税財産	10,000	—	10,000	—
課税価格	22,000	8,000	10,000	20,000
相続税の総額	6,920		6,920	
各人の算出税額	5,075	1,845	2,307	4,613

（※1）相続開始10年よりも前の特別受益については、遺留分算定基礎財産には加算されない。

（※２）遺留分侵害額の判定　２億円 × １／２ × １／２ ＝ 5,000万円 ≦ 8,000万円　∴侵害額はない

（※３）長男の相続分　みなし遺産価額　（２億円 ＋ ３億円（※））× １／２ ＝ 25,000万円

25,000万円 － ３億円 ＝ △5,000万円　∴０円

（※）特別受益者が取得した財産の価額は、相続開始の時の価額によることとされています（民904）。

この設例の場合、法定相続分によって相続することになると、長女は父から相続することができる財産額は２億円となり、長男の相続分はない（超過特別受益者は最初から相続分がないものとされます（民903②）。）ことになります。

10　非上場株式等についての相続税の納税猶予を受ける場合には、遺言書が必須　短　期

非上場株式等についての相続税の納税猶予を受けようとする場合には、都道府県知事に対して相続開始の日の翌日から８か月以内に認定申請書を提出しなければならないとされています（中小企業における経営の承継の円滑化に関する法律施行規則７⑦）。認定申請書には、その株式等を誰が相続するのかが決まっている、すなわち、遺産分割協議書又は遺言書の添付が必要とされています。

そのため、相続人間での遺産分割協議が調わなかった場合には、非上場株式等についての相続税の納税猶予の適用を受けることができなくなります。

<分割協議が調わなかった場合の問題点>

①　後継者が５か月以内に代表者に就任　→　役員変更登記に支障が出る
②　８か月以内に都道府県知事に認定申請　→　分割協議書を添付できない

【設　例】
1.　被相続人　父（先代経営者・令和６年３月死亡）
2.　相続人　長男（特例後継者）・長女
3.　相続財産と遺産分割
　①　長男が相続　自社株　１億円、不動産　12,000万円
　②　長女が相続　現預金　8,000万円

4.　相続税の計算　（単位：万円）

	８か月以内に遺産分割協議が調った場合		８か月以内に遺産分割協議が調わなかった場合	
	長男	長女	長男	長女
自社株	10,000	—	10,000	—
不動産	12,000	—	12,000	—
現預金	—	8,000	—	8,000
課税価格	22,000	8,000	22,000	8,000
相続税の総額	6,920		6,920	
各人の算出税額	5,075	1,845	5,075	1,845
納税猶予税額	(注)△1,522	—	—	—
納付税額	3,553	1,845	5,075	1,845

(注)課税価格　10,000万円 ＋ 8,000万円 ＝ 18,000万円
　相続税の総額　2,740万円
　長男の納税猶予税額　2,740万円 × (10,000万円 ÷ 18,000万円) ≒ 1,522万円

相続開始の日の翌日から８か月以内に遺産分割協議が調って、非上場株式等についての相続税の納税猶予を受けることができる場合には、1,522万円納税が猶予されます。

そのため、遺産分割協議が不調に終わるリスクが存在することから、遺言書で自社株を相続する者を指定しておくことが無難な対策と考えられます。

＜非上場株式等についての相続税の納税猶予の適用件数＞

年度	人員（人）	金額（百万円）	年度	人員（人）	金額（百万円）	人員（人）	金額（百万円）
	株式等			株式等		特例株式等	
平成21年度	146	4,312	平成30年度	41	2,560	481	29,431
平成22年度	80	4,086	令和元年度	43	1,026	397	95,494
平成23年度	51	2,227	令和２年度	33	637	426	40,985
平成24年度	81	6,693	令和３年度	25	1,252	443	87,854
平成25年度	110	6,700	令和４年度	32	1,381	463	56,515
平成26年度	127	6,413					
平成27年度	224	14,813					
平成28年度	194	9,865					
平成29年度	230	15,333					

（出典：国税庁統計資料）

11 配当還元価額で贈与・相続する 短　期 相続後

（1） 同族株主でも少数株式所有者へ株式を贈与、相続又は遺贈する

同族株主が株式を取得する場合でも、少数株式所有者に該当すれば配当還元方式によってその株式を評価することができます。そのことで、相続税の負担を相当額軽減することが期待されます。

相続人の子等が会社経営に関わる予定がない場合に、取得後の議決権割合が５％未満となるよう株式を分散して移転することにより、原則的評価方式でなく配当還元方式により評価できることを設例で確認します。

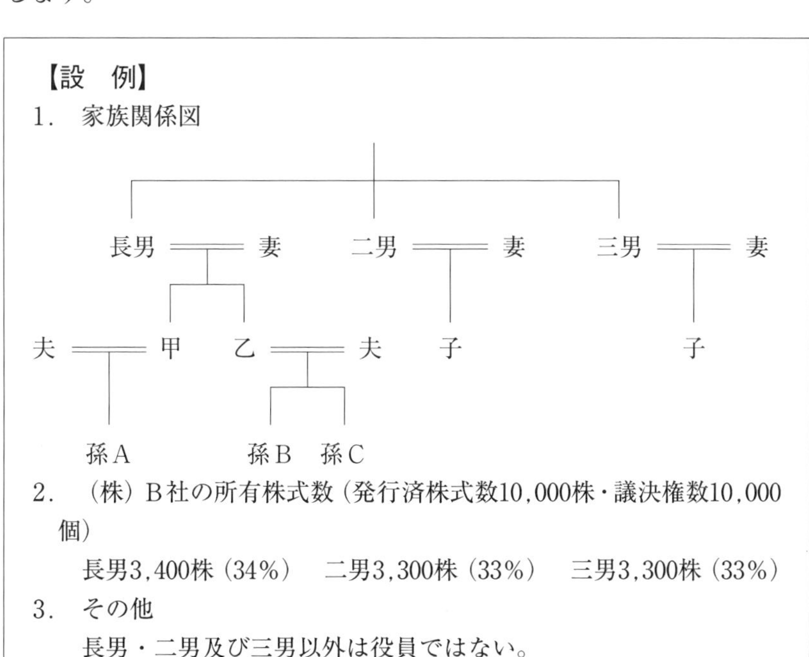

【設　例】

1．家族関係図

2．（株）Ｂ社の所有株式数（発行済株式数10,000株・議決権数10,000個）

長男3,400株（34％）　二男3,300株（33％）　三男3,300株（33％）

3．その他

長男・二男及び三男以外は役員ではない。

4．長男所有株式の移転対策

長男の子等がＢ社を承継する予定がない場合には、長男が所有す

る全株を以下の者に対して次のように相続又は遺贈により移転することができるように遺言書を作成しておきます。

（1）　甲・甲の夫・A・乙・乙の夫・Bに対してそれぞれ490株（4.9%）ずつ

（2）　Cに対して残株の460株（4.6%）

＜中心的な同族株主に該当するか否かの判定表＞

判定者＼範囲		二男	三男	甲	甲の夫	A	乙	乙の夫	B	C	合計	判定
		3,300	3,300	490	490	490	490	490	490	460	10,000	
二男		3,300	3,300	—	—	—	—	—	—	—	6,600	○
三男		3,300	3,300	—	—	—	—	—	—	—	6,600	○
長男の家族	甲	—	—	490	490	490	490	—	—	—	1,960	×
	甲の夫	—	—	490	490	490	—	—	—	—	1,470	×
	A	—	—	490	490	490	—	—	—	—	1,470	×
	乙	—	—	490	—	—	490	490	490	460	2,420	×
	乙の夫	—	—	—	—	—	490	490	490	460	1,930	×
	B	—	—	—	—	—	490	490	490	460	1,930	×
	C	—	—	—	—	—	490	490	490	460	1,930	×

以上の方法によれば、長男の家族に対する株式の相続等については、全員同族株主に該当しますが、取得後の議決権割合が5％未満で、他に中心的な同族株主（二男又は三男）がいて、長男の家族は全員中心的な同族株主に該当しないし、役員でもないことから、特例的評価方式（配当還元価額）によって評価して移転することができます。

同族株主が有する株式を原則的評価方式によって評価するか否かの判定は、相続・贈与又は譲渡があった後の株主の状況により判定しますので、生前に遺言書を作成しておき、配当還元方式によって相続人等が取得できるようにする方法や、相続発生後であっても、一定の株式数以下の場合には、自社株の相続又は遺贈する割合を工夫すれば、配当還元方式により評価することも可能となります。

しかし、自社株を分散しすぎると同族の支配権が確保できなくなるケースや、分散した後に株式を買い戻そうとする場合に、その価額でトラブルになるなどの心配があります。特に買い戻す場合の価額については、配当還元価額により移転した株であっても、支配権を有する同族株主が買い戻すときは、原則的評価方式による価額でないと贈与税が課税されるので、注意が必要です。

（２）　親族外の者へ株式を譲渡する

自社株は、同族株主が取得すると「原則的評価方式」によって評価されますが、同族株主以外の株主が取得する場合には、「配当還元方式」によって評価されます。

そこで、後継者が親族外（同族株主以外）である場合には、「配当還元方式」によって株式を譲渡又は贈与することができます。

ア　後継者が親族外の会社役員の場合

後継者が親族外で、その会社の役員である場合も少なくありません。この場合には、一定の株式の譲渡又は贈与に当たっては、「配当還元方式」によって評価された価額で譲渡等を行うことができます。

【設　例】

1.　Ａ社の概要

①　発行済株式総数　10,000株

②　株主　甲8,000株、甲の妻500株、乙（Ａ社役員、甲の親族ではない。）1,500株

③　原則的評価方式による株価　5,000円/株、配当還元価額　400円/株

2.　株式の譲渡

甲は、親族に後継者が不在であることから、A社の役員である乙を後継者に指名し、A社株式をできるだけ安く譲渡してやりたいと考えている。

3.　配当還元価額による譲渡

株主	現状の所有株式数	譲渡株式数	譲渡後の株式数	譲渡後の株式の評価方法
甲	8,000	△3,499	4,501	原則的評価方式
甲の妻	500	―	500	原則的評価方式
乙	1,500	3,499	4,999	配当還元方式

この場合、譲渡後においても甲及び甲の妻が過半数の株式を保有していることから、甲及び甲の妻が同族株主と判定されます。しかし、乙は甲の親族ではないことから、乙が取得する3,499株は１株当たり400円（配当還元価額）以上で甲と売買すれば乙には贈与税が課されません。甲は譲渡した金額から取得費を控除した金額に対して、分離課税として20.315％の譲渡所得税が課されます。

その後、甲の相続開始前に、例えば甲の妻から乙へ２株贈与又は譲渡すると、乙が議決権の過半数を有することになり、乙が同族株主となり、甲及び甲の妻は同族株主以外の株主に該当し、甲の株式は配当還元方式によって評価されることになります。

イ　親族外の顧問税理士などへ譲渡する

親族外の者であれば、株式は配当還元方式による価額で譲渡等を行うことができます。

その場合、最も信頼関係が強固な相手先の一つとして、顧問税理士などが考えられます。会社の経営や事業承継等について日頃から相談し、信頼関係が構築されているのであれば株式の受け皿として適任かと思います。

【設　例】

1．　B社の概要

①　発行済株式総数　10,000株

②　株主　甲5,500株、乙（A社後継者、甲の親族ではない。）3,500株、その他少数株主1,000株

③　原則的評価方式による株価　5,000円/株、配当還元価額　400円/株

2．　株式の譲渡

甲は、相続人がB社の経営に関わる予定がないことから、B社の顧問税理士丙（甲及び乙の親族ではない。）にB社株式2,501株を譲渡した。

3．　配当還元価額による譲渡

株主	現状の所有株式数	譲渡株式数	譲渡後の株式数	譲渡後の株式の評価方法
甲	5,500	△2,501	2,999	配当還元方式
乙	3,500	―	3,500	原則的評価方式
少数株主	1,000	―	1,000	配当還元方式
税理士丙	―	2,501	2,501	配当還元方式

この場合、譲渡後は乙が30％以上の議決権を有していることから、乙が同族株主と判定されます。甲から株式の譲渡を受けた税理士丙は甲及び乙の親族ではないことから、丙が取得する2,501株は1株当たり400円（配当還元価額）以上で甲と売買すれば丙には贈与税が課されません。甲は譲渡した金額から取得費を控除した金額に対して、分離課税として20.315％の譲渡所得税が課されます。

甲は株式譲渡後においても、顧問税理士との絶大な信頼関係を基に、会社の重要な事項について丙が甲に協力すると過半数の議決権を確保することができます。

12　相続時精算課税によって贈与を受けた自社株に係る遺留分侵害額請求権と相続放棄　相続後

相続人が、被相続人から生前贈与（特別受益に該当する贈与に限ります。）を受けていた場合には、原則として相続開始前10年間にされたものに限り遺留分算定基礎財産に算入することとされています（民1044③）。しかし、その相続人が相続の放棄を行った場合には、遺留分算定基礎財産の計算において、当該贈与については、相続人に対する贈与ではなく、相続人以外の第三者への贈与の規定が適用されると考えられます。

その場合、相続開始前の１年間になされたもの、又は当事者双方が遺留分権利者に損害を加えることを知ってなされた贈与でない場合には、その贈与の価額が遺留分算定基礎財産に加算されないことになります（民1044①）。

そのため、相続開始前10年間に、被相続人から相続人が財産の贈与を受けていても、相続の放棄をすれば、相続人ではなくなることから相続開始前の１年間になされたもの以外の贈与財産は、遺留分を算定するための価額に算入されないことになります。

【設　例】

1.　被相続人　父（令和６年３月死亡）
2.　相続人　長男・長女
3.　生前贈与　父は令和２年５月に長男に対して、自社株（２億円、相続開始時の時価2.8億円）と現金4,500万円を相続時精算課税によって贈与した（贈与税は4,400万円納税した。）。
4.　父の遺産　現預金6,000万円、生命保険金1,000万円（長男が受取人）

5.　遺言書　全ての財産を長女に相続させる。

6.　遺留分の算定

（1）　長男が相続の放棄をした場合

長男に対する生前贈与は、特別受益として遺留分算定基礎財産となることが原則ですが、長男が家庭裁判所で相続の放棄をした場合には、相続人以外の者に該当し、父の相続開始前１年以内になされたもの、又は当事者双方が遺留分権利者に損害を加えることを知ってなされた贈与でない場合には、贈与を受けた財産は遺留分算定基礎財産に算入されません。

その場合、相続人は長女１人となるため、遺留分の額は、6,000万円×1／2（総体的遺留分）×１（法定相続分）＝3,000万円となり、長女は遺産の全額を相続していますので、遺留分の侵害額はないことになります。

なお、生命保険金は受取人固有の財産であることから、長男が遺贈によって取得したものとみなされ、かつ、遺留分の対象財産に該当しません。

（2）　相続の放棄がなかった場合

相続人に対する生前贈与（特別受益に該当する贈与）があった場合には、被相続人が相続開始の時において有した財産の価額に特別受益の価額を加えたものを相続財産とみなされます（民903①）。

・みなし遺産額　28,000万円（※）＋4,500万円＋6,000万円＝38,500万円

（※）遺留分を算定するための財産については、相続開始の時が基準となります（最判昭51・3・18判時811・50）。

・長女の遺留分　38,500万円×1／2（総体的遺留分）×1／2（法定相続分）＝9,625万円

・遺留分侵害額　9,625万円－6,000万円＝3,625万円

7.　相続税の計算　（単位：万円）

	長男が相続の放棄をした場合		相続の放棄がなかった場合	
	長男	長女	長男	長女
預貯金	－	6,000	－	6,000

生命保険金	1,000	—	1,000	—
同上非課税金額	（※１）—	—	△1,000	—
相続時精算課税適用財産の価額	（※２）24,500	—	24,500	—
遺留分侵害額	—	—	△3,625	3,625
課税価格	25,500	6,000	20,875	9,625
相続税の総額	7,520		7,120	
各人の算出税額	（※３）6,088	1,432	4,873	2,247
相続時精算課税分の贈与税額控除額	△4,400	—	△4,400	—
納付税額	1,688	1,432	473	2,247

（※１）長男は相続を放棄していることから、相続人ではないので非課税規定の適用を受けることはできません（相税12①五）。

（※２）贈与を受けた時の価額（２億円＋4,500万円）によって相続財産に加算されます（相税21の15①）。

（※３）長男は相続の放棄があったことから相続人ではありませんが、被相続人の一親等の血族であることから、相続税額の２割加算の規定の適用はありません（相税18①）。

相続税の計算においては、長男は相続の放棄をしていますが、生命保険金は相続の放棄があっても受け取ることができ、かつ、相続時精算課税によって受けた贈与財産は、贈与を受けたときの価額で父の相続財産に加算して相続税が課税されることになります。

一方、相続の放棄がなかった場合、長男が受け取った生命保険金について非課税規定の適用を受けることができます。その結果、相続税の総額は400万円少なくなりますが、長男は、長女から遺留分侵害額の請求を受けて遺留分相当額を支払うことになると、相続税を控除した残額は17,002万円（24,500万円 ＋ 1,000万円 － 3,625万円 － 4,873万円）となります。

この設例の場合、長男が相続の放棄をすることで、長女から遺留分侵害額の請求を受けることはなく、相続税の総額が400万円増加しても、相続税を控除した残額は19,412万円（24,500万円 ＋ 1,000万円 － 6,088万円）となり、相続することができる財産の額は多くなります。

13 相続した自社株を金庫株にする 相続後

相続又は遺贈により財産を取得した個人でその相続又は遺贈につき納付すべき相続税額がある（注）ものが、相続の開始があった日の翌日から相続税の申告書の提出期限の翌日以後３年を経過する日までの間に、相続税の課税の対象となった非上場株式をその発行会社に譲渡した場合においては、その人が株式の譲渡の対価として発行会社から交付を受けた金銭の額が、その発行会社の資本金等の額のうちその譲渡株式に対応する部分の金額を超えるときであっても、その超える部分の金額は配当所得とはみなされず、発行会社から交付を受ける金銭の全額が株式の譲渡所得に係る収入金額とされます（租特９の７）。

（注）「納付すべき相続税額がある」とは、実際に納付する相続税額がある場合をいいます。したがって、相続税の課税価格の合計額が遺産にかかる基礎控除額を超えていて、その人に算出相続税額がある場合であっても、贈与税額控除額や相次相続控除額等があるために納付税額がゼロとなるときは、「相続税額がある場合」には該当しません。これは、相続税が納付できない者の救済を目的とした特例だからです。

したがって、この場合には、発行会社から交付を受ける金銭の全額が非上場株式の譲渡所得に係る収入金額となり、その収入金額から譲渡した非上場株式の取得費及び譲渡に要した費用を控除して計算した譲渡所得金額の15.315％に相当する金額の所得税（そのほか５％の住民税）が課税されます（租特37の10）。

なお、その非上場株式を発行会社に譲渡する日までに「相続財産に係る非上場株式をその発行会社に譲渡した場合のみなし配当課税の特例に関する届出書」を非上場株式の発行会社に提出し、発行会社は、発行会社の本店又は主たる事務所の所在地の所轄税務署長に、譲り受けた日の属する年の翌年１月31日までに提出することが必要です（租特令５の２②）。

この場合の非上場株式の譲渡による譲渡所得金額を計算するに当たり、その非上場株式を相続又は遺贈により取得したときに課された相続税額のうち、その株式の相続税評価額に対応する部分の金額を取得費に加算して収入金額から控除することができます（租特39）。

ただし、加算される金額は、この加算をする前の譲渡所得金額が限度となります（租特令25の16①）。

この特例を受けるためには確定申告をすることが必要で、確定申告書には、①相続財産の取得費に加算される相続税の計算明細書、②株式等に係る譲渡所得等の金額の計算明細書の添付が必要です。

【設　例】

1．被相続人　父（令和6年3月死亡）

2．相続人　長男（後継者）・長女

3．相続財産

①　A社株式　10,000株（相続税評価額30,000万円・1株当たりの時価5万円・取得費1万円）

なお、A社の発行済株式数は12,000株で、父の弟が2,000株を保有している。

②　現預金　　12,000万円

4．遺産分割

長男がA社株式と現預金6,000万円を、長女が現預金6,000万円を相続し、長男から長女に対して代償金を15,000万円支払う。

5．相続税の計算　（単位：万円）

	長男	長女
A社株式	30,000	—
現預金	6,000	6,000
代償金	△15,000	15,000
課税価格	21,000	21,000

相続税の総額	11,720	
各人の算出税額	5,860	5,860

6.　金庫株

長男は、代償金を支払うために、相続したＡ社株式4,000株を時価でＡ社へ譲渡する。

①　譲渡所得金額　4,000株 × ５万円 − (4,000株 × １万円 + 1,953万円（※）) = 14,047万円

(※)代償金を支払った場合の取得費加算額の計算

12,000万円 − 15,000万円 × 12,000万円 ÷ (21,000万円 + 15,000万円) = 7,000万円

5,860万円 × (7,000万円 ÷ 21,000万円) ≒ 1,953万円

②　譲渡税　14,047万円 × 20.315% ≒ 2,854万円

③　代償金支払後の残額

4,000株 × ５万円 − 2,854万円 − 15,000万円 = 2,146万円

④　金庫株後の長男の議決権割合

(10,000株 − 4,000株) ÷ (12,000株 − 4,000株) = 75%

∴単独で特別決議可能

書　式　相続財産に係る非上場株式をその発行会社に譲渡した場合のみなし配当課税の特例に関する届出書

相続財産に係る非上場株式をその発行会社に譲渡した場合のみなし配当課税の特例に関する届出書（譲渡人用）

発行会社受付日付　税務署受付印

<table>
<tr><td rowspan="4">令和　年　月　日

税務署長殿</td><td rowspan="4">譲渡人</td><td>住所又は居所</td><td>〒
電話　－　－</td></tr>
<tr><td>（フリガナ）</td><td></td></tr>
<tr><td>氏名</td><td></td></tr>
<tr><td>個人番号</td><td></td></tr>
<tr><td colspan="4">租税特別措置法第9条の7第1項の規定の適用を受けたいので、租税特別措置法施行令第5条の2第2項の規定により、次のとおり届け出ます。</td></tr>
</table>

<table>
<tr><td rowspan="2">被相続人</td><td>氏名</td><td></td><td>死亡年月日</td><td>令和　年　月　日</td></tr>
<tr><td>死亡時の住所又は居所</td><td colspan="3"></td></tr>
<tr><td colspan="2">納付すべき相続税額又はその見積額</td><td colspan="3">円　(注)納付すべき相続税額又はその見積額が「0円」の場合にはこの特例の適用はありません。</td></tr>
<tr><td colspan="2">課税価格算入株式数</td><td colspan="3"></td></tr>
<tr><td colspan="2">上記のうち譲渡をしようとする株式数</td><td colspan="3"></td></tr>
<tr><td colspan="2">その他参考となるべき事項</td><td colspan="3"></td></tr>
</table>

相続財産に係る非上場株式をその発行会社に譲渡した場合のみなし配当課税の特例に関する届出書(発行会社用)

税務署受付印

※整理番号	

<table>
<tr><td rowspan="4">令和　年　月　日

税務署長殿</td><td rowspan="4">発行会社</td><td>所在地</td><td>〒
電話　－　－</td></tr>
<tr><td>（フリガナ）</td><td></td></tr>
<tr><td>名称</td><td></td></tr>
<tr><td>法人番号</td><td></td></tr>
<tr><td colspan="4">上記譲渡人から株式を譲り受けたので、租税特別措置法施行令第5条の2第3項の規定により、次のとおり届け出ます。</td></tr>
<tr><td colspan="2">譲り受けた株式数</td><td colspan="2"></td></tr>
<tr><td colspan="2">1株当たりの譲受対価</td><td colspan="2"></td></tr>
<tr><td colspan="2">譲受年月日</td><td colspan="2">令和　年　月　日</td></tr>
</table>

(注) 上記譲渡人に納付すべき相続税額又はその見積額が「0円」の場合には、当該特例の適用はありませんので、みなし配当課税を行うことになります。この場合、届出書の提出は不要です。

<table>
<tr><td rowspan="2">※税務署処理欄</td><td rowspan="2">法人課税部門</td><td>整理簿</td><td>確認</td><td>資産回付</td><td rowspan="2">資産課税部門</td><td></td><td></td><td>通信日付印</td><td>確認</td><td>番号</td></tr>
<tr><td></td><td></td><td></td><td></td><td></td><td>年　月　日</td><td></td><td></td></tr>
</table>

03.06 改正

（出典：国税庁ホームページ）

【コラム】会社法の規定

会社が自社の発行した株式を取得することを、「自己株式の取得」といいます。会社が特定の株主から自己株式を買い取る場合、株主総会の特別決議（当該株主総会において議決権を行使することができる株主の議決権の過半数を有する株主が出席し、出席した株主の議決権の３分の２以上にわたる多数をもって行う決議）が必要になります（会社156①・160①・309②）。

この株主総会では、原則として、会社から株式を買い取ってもらう株主は議決権を行使できません（会社160④）。そのため、他の株主の賛成が得られないと、会社に買い取ってもらうことは困難となることがあります。

譲渡制限会社では、相続人等が相続によって取得した株式を、発行会社へ買取請求（会社による自己株式の取得）する場合に限り、他の株主の売主追加請求権は排除されています（会社162）。相続などの一般承継により株式を取得した相続人等からの買取りについては、時間的な制約は設けられていません。ただし、その相続人等が、相続等が生じた以降に、相続によって承継した株式について株主総会で実際に議決権を行使した場合（委任状による議決権の行使を含みます。）は、株主となることを選択したものとみなされますので、この特例の適用を受けることはできません（会社160）。

また、売主以外の他の株主は、会社に対し、自分も売主に加えることを請求することができます（会社160②③）。しかし、株式会社が株主の相続人から相続により取得した当該株式を取得する場合には、この売主追加請求権の規定は適用されません（会社162）。相続などの一般承継により株式を取得した相続人等からの買取りについては、時間的な制約は設けられていません。ただし、その相続人等が、相続等が生じた以降に、相続によって承継した株式について株主総会で実際に議決権を行使した場合（委任状による議決権の行使を含みます。）は、株主となることを選択したものとみなされますので、この特例の適用を受けることはできません（会社160）。

なお、株式会社が公開会社である場合や、当該相続人が株主総会等で当該株式を株式会社が自己取得することに関して議決権を行使している場合には、原則どおり、売主追加請求権の規定の適用があります（会社162ただし書）ので、注意が必要です。

自己株式を取得して対価を交付することは会社財産の払戻しであることから、原則として、財源規制が設けられていて（会社461）、取得の際に株主に交付する金銭等は、分配可能額を超えることはできません。

財源規制の根拠となる分配可能額とは、「分配可能額＝分配時点における剰余金の額（その他資本剰余金＋その他利益剰余金）－分配時点の自己株式の帳簿価額－事業年度末日後に自己株式を処分した場合の処分対価－その他法務省令で定める額（有価証券評価差損など）」として算定します。

2　上場株式

対策メニュー	
長　期	上場株式を非上場株式に組み換える ⇒ 1
短　期	急騰した上場株式を取得する ⇒ 2
相続後	相続税の申告期限までに大きく値下がりした株式を物納する ⇒ 3

Point

上場株式は、原則として相続開始日の最終価格によって評価されます。そのため、時価と相続税評価額との差は大きなものは期待できませんが、換金処分が容易であることから資産の運用をしつつ、相続税の納税資金への転用も可能です。

特定口座で源泉徴収ありを選択していれば、毎年の税務申告は原則必要がなく、手間も掛かりません。

また、相続税を金銭で納付することが困難な場合には、相続した上場株式を物納に充てることもできます。

解　説

上場株式とは、金融商品取引所に上場されている株式をいいます。

(1)　評価方法の原則

上場株式は、銘柄の異なるごとにその1株ごとに評価します（評基通168）。また、その株式が上場されている金融商品取引所（国内の2以上の金融商品取引所に上場されている株式については、納税義務者が選択した金融商品取引所とします。）の公表する課税時期（相続又は遺贈の場合は被相続人の死亡の日、贈与の場合は贈与により財産を取得した日）の最終価格によって評価します。

ただし、課税時期の最終価格が、次の３つの価額のうち最も低い価額を超える場合は、その最も低い価額により評価します（評基通169（1））。

①　課税時期の属する月の毎日の最終価格の月平均額

②　課税時期の属する月の前月の毎日の最終価格の月平均額

③　課税時期の属する月の前々月の毎日の最終価格の月平均額

上場株式については、課税時期における証券取引所の最終価格が当該上場株式の客観的交換価値、すなわち、それぞれの財産の現況に応じ、不特定多数の当事者間で自由な取引が行われた場合に通常成立する価額そのものであるということができますが、上場株式の価格はその時々の市場の需給関係によって値動きすることから、相続という偶発的な要因によって無償取得した上場株式が一時点における需給関係に基づく偶発的な価格によって評価される危険を排除し、評価の安全性を確保するため、財産評価基本通達169は、課税時期における証券取引所の最終価格のみならず、ある程度の期間（３か月）の最終価格の月平均額をも考慮して上場株式の評価を行うこととしています（東京地判平７・７・20税資213・202）。

（2）　権利落等がある場合

上場株式の価額を評価する場合において、課税時期が権利落又は配当落（以下「権利落等」といいます。）の日から株式の割当て、株式の無償交付又は配当金交付（以下「株式の割当て等」といいます。）の基準日までの間にあるときは、その権利落等の日の前日以前の最終価格のうち、課税時期に最も近い日の最終価格をもって課税時期の最終価格とされます（評基通170）。

【課税時期において、権利落等がある場合】

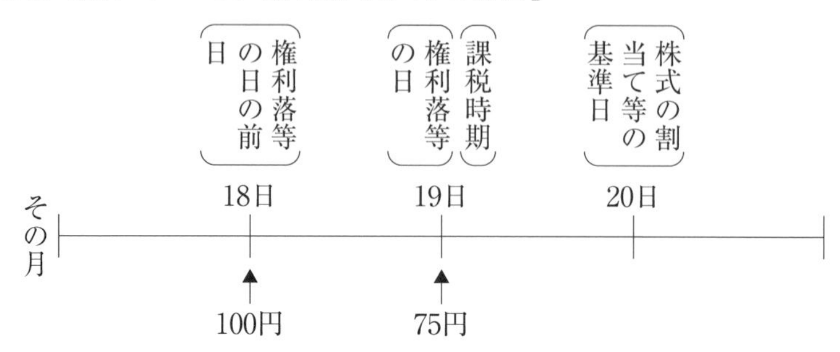

課税時期の最終価格＝100円（75円は、権利落等の後の最終価格なので採用しません。）

（3）　課税時期に最終価格がない場合

上場株式の価額を評価する場合において、課税時期に最終価格がないものについては、次に掲げる場合に応じ、それぞれ次に掲げる最終価格をもって課税時期の最終価格とされます（評基通171）。

①　②又は③に掲げる場合以外の場合

課税時期の前日以前の最終価格又は翌日以後の最終価格のうち、課税時期に最も近い日の最終価格(その最終価格が２ある場合には、その平均額)

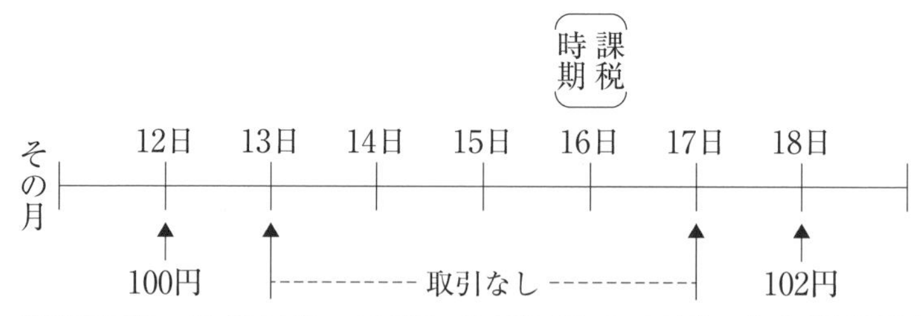

課税時期の最終価格＝102円（100円又は102円のうち課税時期に最も近い日の最終価格）

②　課税時期が権利落等の日の前日以前で、①の定めによる最終価格が、権利落等の日以後のもののみである場合又は権利落等の日の前

日以前のものと権利落等の日以後のものとの2ある場合

課税時期の前日以前の最終価格のうち、課税時期に最も近い日の最終価格

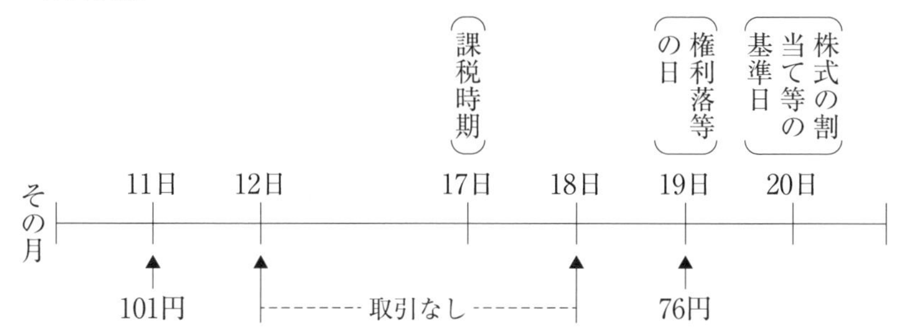

課税時期の最終価格＝101円（76円の方が101円より課税時期に近いが、76円は権利落等の日以後の最終価格なので採用しません。）

③　課税時期が株式の割当て等の基準日の翌日以後で、①の定めによる最終価格が、その基準日に係る権利落等の日の前日以前のもののみである場合又は権利落等の日の前日以前のものと権利落等の日以後のものとの2ある場合

課税時期の翌日以後の最終価格のうち、課税時期に最も近い日の最終価格

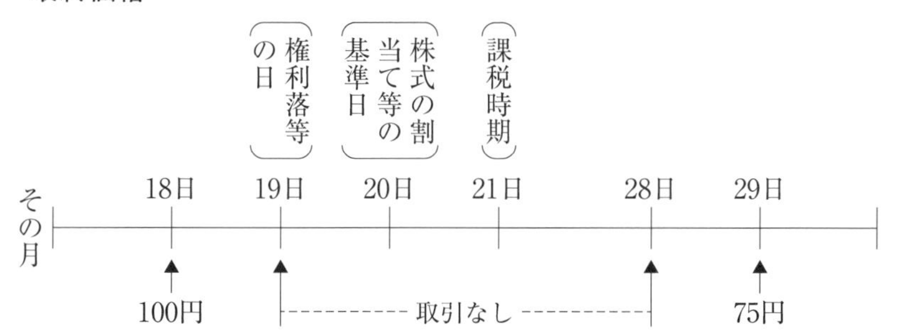

課税時期の最終価格＝75円（100円の方が75円より課税時期に近いが、100円は権利落等の日以前の最終価格なので採用しません。）

以上が原則ですが、負担付贈与や個人間の対価を伴う取引で取得した上場株式の価額は、その株式が上場されている金融商品取引所の公表する課税時期の最終価格によって評価します（評基通169(2)）。

対策メニュー

1　上場株式を非上場株式に組み換える　長　期

上場株式は、課税時期（相続又は遺贈の場合は被相続人の死亡の日、贈与の場合は贈与により財産を取得した日）の最終価格、課税時期の属する月の毎日の最終価格の月平均額、課税時期の属する月の前月の毎日の最終価格の月平均額、又は課税時期の属する月の前々月の毎日の最終価格の月平均額のうち最も低い価額により評価されます。

そのため、長期にわたり保有している上場株式以外の株式では、取得価額と相続税評価額の開差はさほど大きなものは期待できません。

そこで、被相続人が所有する上場株式を非上場の株式に組み換えることで相続税評価額を引き下げることができます。具体的には、上場株式を個人が所有するのではなく、自らが主宰する同族法人へ移転（上場株式を市場で売却し、その資金で法人を設立して上場株式を同族法人で取得するなど）させ、所有する財産を上場株式から非上場の株式に組み換えます。

非上場株式は、開業後３年未満の会社を除き、原則として、類似業種比準価額と純資産価額との併用方式によって評価されることになります。そのため、類似業種比準価額を低くなるようコントロールすれば、非上場株式の相続税評価額も低く評価されます。

【設　例】

１．甲が所有する上場株式の相続税評価額　１億円

２．同族法人（Ａ社：小会社）が所有する場合

（１）資本金　１億円（甲が100％所有）

（２）純資産価額　１億円

○第５表　１株当たりの純資産価額（相続税評価額）の計算明細書

（単位：万円）

資産の部			負債の部		
科目	相続税評価額	帳簿価額	科目	相続税評価額	帳簿価額
上場株式	10,000	10,000	負債	12,000	12,000
その他の財産	12,000	12,000	（純資産価額）	10,000	—

10,000万円 ÷ 200万株（50円当たりの株式数） = 50円

（３）　類似業種比準価額（その他の産業）

①　類似業種の株価　424円

②　比準割合の金額

	配当金額	利益金額	純資産価額
A社	0円	1円	50円
類似業種	6.8円	44円	328円
要素別比準割合	0.00	0.02	0.15
比準割合	（0.00 ＋ 0.02 ＋ 0.15）÷ 3 ＝ 0.05		

③　類似業種比準価額　424円 × 0.05 × 0.5（斟酌割合）＝ 10円

（４）　A社の相続税評価額

10円 × 0.5 ＋ 50円 ×（1 − 0.5）＝ 30円/株

30円 × 200万株 ＝ 6,000万円

以上の結果、個人が上場株式を直接保有する場合には１億円として評価され、同族法人で間接的に上場株式を保有するときは6,000万円となります。

２　急騰した上場株式を取得する　短　期

上場株式は、次の４つのうち最も低い金額によって評価することとされています（ただし、負担付贈与や個人間の対価を伴う取引の場合には①のみで評価します。）。

①　相続・遺贈又は贈与のあった日（以下「課税時期」といいます。）の最終価格

②　課税時期の属する月の毎日の最終価格の月平均額

③　課税時期の属する月の前月の毎日の最終価格の月平均額

④　課税時期の属する月の前々月の毎日の最終価格の月平均額

そこで、急騰上場株式を取得すれば、金融資産の評価額を低く抑えることができます。

【設　例】

1.　被相続人　甲（令和６年３月11日死亡）

2.　相続人　長男・長女

3.　遺産の内容

甲は、Ａ社上場株式10万株を令和６年３月５日に2,500円／株で現金取得している。

その他の財産は８億円で、遺産分割は全ての財産を１/２ずつ相続する。

4.　Ａ社上場株式の価格は以下のとおり。

令和６年１月の月平均価額　1,000円

令和６年２月の月平均価額　1,800円

令和６年３月の月平均価額　2,550円

令和６年３月11日の最終価格　2,600円

5.　相続税の計算　（単位：万円）

	Ａ社株式取得がなかった場合		Ａ社株式を取得した場合	
	長男	長女	長男	長女
現　金	12,500	12,500	―	―
Ａ社株式（※）	―	―	5,000	5,000
その他の財産	40,000	40,000	40,000	40,000
課税価格	52,500	52,500	45,000	45,000
相続税の総額	42,000		34,500	
各人の算出税額	21,000	21,000	17,250	17,250

（※）Ａ上場株式の評価額

令和６年１月～令和６年３月の月平均価額、及び令和６年３月11日の最終価格のうち最も低い価格である1,000円がＡ上場株式の相続税評価額になります。その結果、金融資産の評価額が1.5億円圧縮され、対策の効果は7,500万円となります。

なお、負担付贈与の場合には、東京高裁の判決（東京高判平７・12・13税資214・757）で、負担付贈与契約に基づく上場株式の贈与は、贈与者から受贈者への相続対象財産の移転を図る目的で計画的に行われたものであって、かかる取引に財産評価基本通達169を適用することは、同通達の趣旨に反し、他の納税者との間の租税負担の公平を害する結果となるから、同通達を適用することなく、課税時期における証券取引所の最終価格により評価した贈与時の時価によって評価すべきとしていますが、相続税の評価においては、財産評価基本通達による価額で特に問題は生じないと思います。問題が生ずるとすれば、その取得が被相続人の意思によるものであったかどうかに係る部分であると思われます。

【東京高裁の判決要旨】

負担付贈与に係る上場株式の時価を証券取引所の公表する課税時期の最終価格と評価してした贈与税の更正処分等の取消請求につき、当該負担付贈与を含む一連の取引（※）は、前記株式の贈与時点における市場価格と相続税財産評価に関する基本通達による評価額との乖離を利用して、専ら贈与税の負担を回避する目的で計画的に行われたものであり、このような取引について同通達を適用することは、株式の市場価格の偶発性を排除し評価の安全を図ろうとする同通達の趣旨に反する上、租税負担の公平を著しく害し相続税法の立法趣旨に反する著しく不相当な結果をもたらすこととなるというべきであるから、同通達の定める評価方法を形式的に適用することなく、上場株式の客観的な市場価格である前記最終価格をもって評価することに合理性があると判示しました。

（※）あらかじめ贈与時点における株式の時価と財産評価基本通達を適用して評価される株式の時価との間に一定の乖離がある株式を選定して、贈与者の資金及び借入金によって購入し、税額が零になるように計算した額の借入金債務の負担付で株式を受贈者に贈与した。

（東京高判平7・12・13税資214・757）

3　相続税の申告期限までに大きく値下がりした株式を物納する　相続後

上場株式は、原則として相続開始日の最終価格によって評価されます。しかし、相続税の申告期限までに相続した上場株式が値下がりしていることもあります。

この場合に、その上場株式を物納に充てる選択肢が考えられます。

国税は、金銭で納付することが原則ですが、相続税に限っては、延納によっても金銭で納付することを困難とする事由がある場合には、納税者の申請により、その納付を困難とする金額を限度として一定の相続財産による物納が認められています。

物納による納税方法を選択しようと考える場合に、物納の要件等は以下のように規定されています（相税41・42）。

＜物納の要件＞

①　延納によっても金銭で納付することが困難な金額の範囲内であること

②　物納申請財産が定められた種類の財産で申請順位によっていること

③　物納申請書及び物納手続関係書類を期限までに提出すること

④　物納申請財産が物納適格財産であること

また、物納に充てることのできる財産の種類と順位については、以下のとおりです。

順　位	物納に充てることのできる財産の種類
第１順位	①　不動産、船舶、国債証券、地方債証券、上場株式等
	②　不動産及び上場株式のうち物納劣後財産に該当するもの

第２順位	③　非上場株式等
	④　非上場株式のうち物納劣後財産に該当するもの
第３順位	⑤　動産

物納財産を国が収納するときの価額は、原則として、相続税の課税価格計算の基礎となったその財産の価額になります。

また、譲渡所得税は課税されませんので、物納申請時の株価が物納価額よりも値下がりしている場合には、物納申請によって納税することが有利となります。

	売　却	物　納
納税に充てることができる価額	（売却時点の時価・売却代金）－（売却手数料）－（譲渡税）	相続税評価額
譲渡税	譲渡益×20.315%	非課税（超過物納部分を除く。）
取得費加算の特例	適用あり	超過物納部分については適用あり

＜銘柄別有利不利選択シミュレーション＞

銘柄	取得価額	相続税評価額（収納価額）	売却する場合（※）		有利選択
			その日の時価	税引き後の納税資金	
A株式	500円	1,000円	800円	739円	物納
B株式	500円	1,000円	1,500円	1,297円	売却
C株式	500円	1,000円	1,100円	978円	物納

（※）譲渡費用及び相続税額の取得費加算の特例は考慮していません。

上場株式を物納しようと考える場合には、物納申請する時までに、所有者の名義を相続人に変更しておきます。

上場株式を物納申請する場合には、物納申請時に物納しようとする上場株式等の銘柄、数量等を確認する必要があるため、所有者の振替口座簿の写しを提出します。

物納許可通知書の送付を受けた場合には、物納しようとする株式を指定された日までに、所有者の振替口座から財務大臣等の口座へ振替手続を行います。

上場株式の物納では、土地等の物納と異なり、物納財産の確認書類は少なく手間も掛かりません。そのため、上場株式の物納についての検討は欠かせないものと考えられます。

＜物納財産の種類別内訳＞　（単位：百万円）

	土地		建物		有価証券		その他		合計	
	物件数	金額	物件数	金額	物件数	金額	物件数	金額	物件数	金額
平成30年度	55件	1,190	—	—	88件	26,836	—	—	143件	28,025
令和元年度	95件	2,151	２件	5	288件	18,399	—	—	385件	20,554
令和２年度	44件	748	３件	10	71件	5,826	—	—	118件	6,584
令和３年度	70件	1,350	—	—	31件	3,150	１件	94	102件	4,594
令和４年度	40件	1,053	—	—	220件	8,484	21件	478	281件	10,016

(※)各年度の数値は、相続税の物納の実績を示したもの。

（出典：国税庁統計年報：国税徴収、国税滞納、還付金）

平成29年４月１日以降の物納申請分から、上場株式の順位が第１順位とされたことから、平成30年度以後の物納は上場株式の物納が主となっています。

第３章 現金・預貯金

国税庁が公表している令和４年の相続税の申告（課税状況）における現金・預貯金の占める割合は34.9％となっていて、相続財産に占める現金・預貯金の割合は年々増加傾向にあります。

生前に不動産などを換金処分しておき、相続人間で遺産分割しやすいように対策をしておく人や、相続人が相続税の納税資金で困らないようにしておくことを重視した対策が行われていると思われます。

現金・預貯金は毎年少しずつ子や孫へ贈与したり、非課税特例の贈与によってまとまった資金を贈与したり、相続税の評価差額が発生する資産への組換えなど相続税対策の選択肢はいろいろと考えられます。

一方、現金・預貯金の相続税評価額は額面のままで評価されますが、残された高齢の配偶者の老後生活資金として一定額を確保しておけば、安心して老後を過ごすこともできます。

そこで、この章では、現金・預貯金の相続税対策について、相続税の軽減効果だけでなく、第二次相続も考慮した対策について解説することとします。

対策メニュー
長 期　子へ暦年贈与する ⇒ 1
長 期　相続時精算課税贈与を選択し現金の贈与を行う ⇒ 2
長 期　小規模企業共済制度への加入 ⇒ 3
短 期　孫へ暦年贈与する ⇒ 4

短　期	非課税贈与をする ⇒ **5**
短　期	非課税財産へ組み換える ⇒ **6**
短　期	同族法人へ増資する ⇒ **7**
短　期	評価差額の大きな資産へ組み換える ⇒ **8**
相続後	国等へ寄附する ⇒ **9**
相続後	配偶者が相続する ⇒ **10**

Point

相続財産のうちの現金・預貯金は、日々の生活に欠かせないものです。また、相続税の納税資金となることから相続財産に占める現金・預貯金の割合が年々高まってきています。

現金・預貯金の相続対策では、生前贈与や相続税の評価差額の大きな財産への組換えなど多くの選択肢があります。

しかし、子や孫へ贈与したつもりでも、贈与の要件を欠いていたため、税務調査で贈与が否認され相続財産として課税されている事例が頻発しています。

相続税の税務調査などでは、贈与者の贈与の意思表示の立証が求められることから贈与契約書の作成が欠かせません。また、贈与を受けた財産は受贈者自らがその財産の管理・処分を行っている事実を積み上げておくことが贈与の否認を避けることに役立ちます。

＜平成30年～令和４年・相続財産種類別内訳：課税状況＞

（単位：百万円）

	平成30年	令和元年	令和２年	令和３年	令和４年
①土　地	6,081,773	5,760,979	6,038,866	6,542,777	7,068,780

②家屋・構築物	914,688	879,267	930,160	1,013,291	1,109,214
③有価証券	2,773,267	2,546,034	2,581,109	3,220,446	3,570,188
④同上のうち未上場株式等	(13,154人) 664,282	(12,613人) 665,593	(13,045人) 603,283	(14,087人) 868,823	(15,012人) 797,463
⑤現金・預貯金	5,589,038	5,643,362	5,898,877	6,684,643	7,630,411
⑥生命保険金等	678,750	666,130	707,683	800,049	943,365
⑦退職手当金等	193,545	189,143	175,396	196,059	208,440
⑧その他	1,086,823	1,067,499	1,084,747	1,222,103	1,335,919
⑨合　計	17,317,883	16,752,414	17,416,837	19,679,368	21,866,316
被相続人の数	116,341人	115,267人	120,372人	134,275人	150,858人
相続人の数	300,241人	295,214人	307,333人	341,002人	380,937人
金融資産の割合（③－④＋⑤～⑦）／⑨	49.5%	50.0%	50.3%	51.0%	52.8%
現金・預貯金の割合（⑤/⑨）	32.3%	33.7%	33.9%	34.0%	34.9%

（出典：国税庁統計資料）

解　説

現金・預貯金（以下「現預金」といいます。）は容易に贈与や他の財産に組み換えるなどの対策を実行することができます。現預金の相続対策では、生前贈与が最も多く行われるもので、次に相続税の評価差額の大きな資産への組換えなどが主たるものと考えられます。

現預金の生前贈与は、財産の評価の必要性がなく、贈与の実行も受贈者へ現預金を移動させるだけで行うことができます。

贈与とは、民法549条で、「贈与は、当事者の一方がある財産権を無償で相手方に与える意思を表示し、相手方が受諾をすることによって、その効力を生ずる」と規定しています。

贈与者が「あげましょう」といって、受贈者が「いただきます」という意思を表示することが要件とされています。そのため、親が子の預金通帳に現預金を移動させても、そのことのみをもって贈与があったとは認定されません。

書面によらない贈与は、その履行が終わるまでは、当事者がいつでも自由にこれを取り消すことができ（民550）、その履行前は目的財産の確定的な移転があったということができないから、書面によらない贈与について相続税法１条の２等［現行21条］にいう「贈与により財産を取得した」として贈与税を課するためには、贈与の履行が終了してもはや任意に取り消されることがなくなることが必要であると解すべきである（東京地判昭55・５・20税資113・346）とされています。

したがって、当事者間の贈与の意思表示の確認と贈与の履行時期の証明のために、贈与契約書を作成し、贈与者及び受贈者がそれぞれその契約書に署名・押印をしておくことが欠かせません。

国税不服審判所の裁決（平19・６・26裁決（名裁（諸）平18－74））では、贈与事実の存否の判断に当たって、贈与税の申告及び納税の事実は、贈与事実を認定する上での一つの証拠とは認められるものの、それをもって直ちに贈与事実を認定することはできないと解すべきであるとしています。

前掲裁決の要旨は以下のとおりです。

> 納税義務は各税法で定める課税要件を充足したときに、抽象的にかつ客観的に成立するとされ、贈与税の場合は、贈与による財産の取得の時に納税義務が成立するとされるが、この抽象的に成立した贈与税の納税義務は、納税者のする申告により納付すべき税額が確定（申告納税方式）し、具体的な債務となる。
>
> このような申告事実と課税要件事実との関係については、「納税義務を負担するとして納税申告をしたならば、実体上の課税要件の充足を必要的前提要件とすることなく、その申告行為に租税債権関係に関する形成的効力が与えられ、税額の確定された具体的納税義務が成立するものと解せられる」（高松高裁：昭和58年３月９日判決）と示されていることからすると、贈与税の申告は、贈与税額を具体的に確定させる効力は有するものの、それをもって必ずしも申告の前提となる課税要件の充足（贈与事実の存否）までも明らかにするものではないと解するのが相当である。
>
> そうすると、贈与事実の存否の判断に当たって、贈与税の申告及び納税の事実は贈与事実を認定する上での一つの証拠とは認められるものの、贈与事実の存否は、飽くまでも具体的な事実関係を総合勘案して判断すべきと解するのが相当である。

また、非課税贈与や相続税が課されない財産への組換えを行う場合も現預金は容易に実行することができます。

さらに、現預金はそのままの金額が相続税評価額とされることから、相続税の評価差額の大きな資産として、賃貸不動産などへの組換えが行われています。建物（貸家）は、固定資産税評価額から借家権（30％）を控除して建物の相続税評価額を求めることから、時価の１/３くらいの価額として評価されることが一般的です。

高齢の配偶者が現預金を相続し、老後生活を安定したものとする選択肢もあります。相続税の軽減だけに目を奪われることなく相続人の幸せ対策も考慮した遺産分割も重要です。

対策メニュー

1　子へ暦年贈与する　長　期

暦年課税による生前贈与の加算対象期間は、相続又は遺贈により財産を取得した者が、その相続開始前７年以内（改正前は３年以内）にその相続に係る被相続人から暦年課税による贈与により財産を取得したことがある場合には、その贈与により取得した財産の価額（その財産のうち相続開始前３年以内に贈与により取得した財産以外の財産については、その財産の価額の合計額から100万円を控除した残額）を相続税の課税価格に加算することとされます（相税19）。

この制度は、令和６年１月１日以後に贈与により取得する財産に係る相続税について適用されます。具体的な贈与の時期等と加算対象期間は次のとおりです。

<table>
<tr><th colspan="2">贈与の時期</th><th>加算対象期間</th></tr>
<tr><td colspan="2">～令和５年12月31日</td><td>相続開始前３年間</td></tr>
<tr><td rowspan="4">令和６年
１月１日
～</td><td>贈与者の相続開始日</td><td></td></tr>
<tr><td>令和６年１月１日～令和８年12月31日</td><td>相続開始前３年間</td></tr>
<tr><td>令和９年１月１日～令和12年12月31日</td><td>令和６年１月１日～相続開始日</td></tr>
<tr><td>令和13年１月１日～</td><td>相続開始前７年間</td></tr>
</table>

【設　例】暦年贈与による生前贈与加算の計算

1.　被相続人　父（令和９年４月１日死亡）

2．　生前贈与　長男に対して以下のような生前贈与を実行している。

贈与年月日				
①令和５年 ４月１日	②令和６年 ２月９日	③令和７年 ３月３日	④令和７年 ５月５日	⑤令和８年 ７月９日
300万円	200万円	100万円	150万円	250万円

3．　生前贈与加算の金額

相続開始日が令和９年４月１日のため、加算対象期間は令和６年１月１日から相続開始日までの間となります。したがって、②から⑤までの贈与により取得した財産の価額が相続税の課税価格に加算されます。

なお、この加算の対象となる財産のうち相続開始前３年以内の贈与により取得した財産以外の財産については、その財産の価額の合計額から100万円を控除した残額が相続税の課税価格に加算されます。

（②200万円 － 100万円）＋（③100万円 ＋ ④150万円 ＋ ⑤250万円）＝ 600万円

また、①の贈与により取得した300万円については、令和５年12月31日以前の贈与のため、相続税の課税価格に加算されません。

相続人に対する暦年贈与では、生前贈与加算の対象とならないよう早めに贈与を実行しておくことが肝要です。

暦年課税による生前贈与の効果（相続税の軽減）を、以下の設例で検証します。

【設　例】

1．　被相続人　父（令和８年４月死亡）

2．　相続財産　３億円（以下の贈与がなかった場合の価額）

3．　相続人　長男（40歳）・長女（35歳）

4．　生前贈与　（単位：万円）

	令和３年２月贈与		令和４年２月贈与		令和５年２月贈与	
	贈与金額	贈与税	贈与金額	贈与税	贈与金額	贈与税
長男	500	48.5	500	48.5	500	48.5
長女	500	48.5	500	48.5	500	48.5

5．　相続税（法定相続分どおり相続する。）　（単位：万円）

	贈与があった場合		贈与がなかった場合	
	長男	長女	長男	長女
相続財産	13,500	13,500	15,000	15,000
納付税額	2,860	2,860	3,460	3,460
贈与税額	145.5	145.5	―	―
合計税額	6,011		6,920	

※生前贈与については、令和６年１月１日前の贈与で、相続開始前３年以内の贈与ではないため、相続財産に加算されません。

2　相続時精算課税贈与を選択し現金の贈与を行う　長　期

相続時精算課税贈与は、60歳以上の者から、18歳以上の推定相続人や孫などへ贈与する場合に選択することができます（相税21の９）。

この場合に、令和６年１月１日以後の贈与から相続時精算課税適用者は年110万円の基礎控除の適用を受けることができ、かつ、相続財産への加算は必要はありません（租特70の３の２）。

そのため、財産額が少ない場合などにおいては、相続時精算課税贈与を選択することが有利な場合があります。

【設　例】

1．被相続人　母（令和16年２月死亡すると仮定）

2．母の相続財産（令和６年１月現在）　自宅2,200万円、現預金8,000万円

3．相続人　長男（母と別生計で持家あり）・長男の妻（養子）
なお、長男家族は、妻、子（甲22歳、乙20歳）２人の４人家族。

4．養子縁組　母は長男の妻と令和５年に養子縁組を行った。

5．生前贈与（令和６年から以下のいずれかの贈与を実行する。）
① 長男家族全員に暦年贈与によって毎年３月に110万円/人の暦年贈与（10年間）を行う。
② 長男家族全員が相続時精算課税を選択し、母は毎年３月に現金110万円/人の贈与（10年間）を行う。

6．遺産分割　長男と長男の妻（養子）は法定相続分どおり相続する。

	暦年贈与	相続時精算課税贈与（※２）
課税価格	2,200万円 ＋（8,000万円 － 4,400万円）＋1,340万円（※１）＝ 7,140万円	2,200万円 ＋（8,000万円 － 4,400万円）＝ 5,800万円
相続税	（7,140万円 － 4,200万円）÷２人×15％－50万円	（5,800万円 － 4,200万円）÷２人×10％＝80万円/人

	＝ 171万円/人 171万円 × ２人 ＝ 342万円	80万円 × ２人 ＝ 160万円

（※１）生前贈与加算：長男と長男の妻　（110万円 × ７年 − 100万円）× ２人 ＝ 1,340万円

孫（甲及び乙）に対する生前贈与については、甲及び乙は相続又は遺贈によって財産を取得していないため、生前贈与加算の規定は適用されません。

（※２）相続時精算課税贈与の基礎控除額以下の贈与については、相続財産に加算されません。

令和６年以後の暦年贈与によると、相続又は遺贈によって財産を取得した者が、その被相続人から相続開始前７年以内に贈与を受けていた場合には、生前贈与加算の期間が７年になります。ただし、相続開始前３年超７年以内に贈与により取得した財産については、総額100万円までを控除することとされました（租特70の２の２①）。

そのことから、相続時精算課税では10年間の控除額が最大1,100万円/人であるのに対して、暦年課税では相続開始前７年より前の贈与額（110万円 × ３年）と100万円の合計額430万円が相続財産に加算されないため、相続時精算課税贈与が有利になることがあります。

ただし、相続人でない孫への相続時精算課税贈与は110万円を超える贈与金額は、全額相続財産に加算されますが、暦年贈与によって贈与すれば、孫が遺贈によって財産を取得しない場合には、相続財産への加算は必要なく、贈与税の課税関係だけで完結します。

そのように、有利・不利が混在しますので、相続時精算課税の選択に当たっては慎重に判断しなければなりません。

【参　考】相続時精算課税贈与と暦年贈与の有利・不利判定

【前提条件】

1.　被相続人　父（60歳以上）

2.　相続人　子（18歳以上）

3.　令和６年４月から子又は孫（18歳以上）へ毎年贈与する。

4.　遺産分割　法定相続分どおり相続する（相続人ではない孫は財産を取得しない。）。

※税額の計算において、万円未満の金額については四捨五入しているため一定の誤差が生じることに留意してください。

【受贈者が子１人の場合】

①　令和６年４月から毎年110万円を相続時精算課税贈与した場合の相続税

（単位：万円）

相続開始年月／相続財産	令和９年３月（３年経過）	令和11年３月（５年経過）	令和13年３月（７年経過）	令和16年３月（10年経過）
1億円	1,121	1,055	（※）989	890
2億円	4,728	4,640	4,552	4,420
3億円	9,032	8,933	8,834	8,685
4億円	13,835	13,725	13,615	13,450
5億円	18,836	18,725	18,615	18,450
10億円	45,639	45,518	45,397	45,215

（※）1億円・令和13年３月死亡の場合の相続時精算課税贈与による相続税

相続税（法定相続人：子１人）　1億円 －（110万円 × 7年）× 1人 ＝ 9,230万円 ⇒ 989万円

②　令和６年４月から毎年110万円を暦年贈与した場合の相続税

（単位：万円）

相続開始年月／相続財産	令和９年３月（３年経過）	令和11年３月（５年経過）	令和13年３月（７年経過）	令和16年３月（10年経過）
１億円	1,220	1,190	（※）1,190	1,091
２億円	4,860	4,820	4,820	4,688
３億円	9,180	9,135	9,135	8,987
４億円	14,000	13,950	13,950	13,785
５億円	19,000	18,950	18,950	18,785
10億円	45,820	45,765	45,765	45,584

（※）１億円・令和13年３月死亡の場合の暦年贈与による相続税

相続税（法定相続人：子１人）　１億円 －（110万円 × ７年）× １人 ＋（110万円 × ７年 － 100万円）× １人 ＝ ９,900万円 ⇒ 1,190万円

【受贈者が子１人と相続人でない孫１人の場合】

①　令和６年４月から毎年110万円を相続時精算課税贈与した場合の相続税

（単位：万円）

相続開始年月／相続財産	令和９年３月（３年経過）	令和11年３月（５年経過）	令和13年３月（７年経過）	令和16年３月（10年経過）
１億円	1,022	890	772	640
２億円	4,596	4,420	（※）4,244	3,980
３億円	8,883	8,685	8,487	8,190
４億円	13,670	13,450	13,230	12,900
５億円	18,670	18,450	18,230	17,900
10億円	45,457	45,215	44,973	44,610

（※）２億円・令和13年３月死亡の場合の相続時精算課税贈与による相続税

相続税（法定相続人：子１人）　２億円 －（110万円 × ７年）× ２人 ＝ 18,460万円 ⇒ 4,244万円

なお、孫は相続税が２割加算となるが、相続税の課税価格がないため相続税は生じない。

②　令和６年４月から毎年110万円を暦年贈与した場合の相続税

（単位：万円）

相続開始年月／相続財産	令和９年３月（３年経過）	令和11年３月（５年経過）	令和13年３月（７年経過）	令和16年３月（10年経過）
１億円	1,121	1,025	（※）959	774
２億円	4,728	4,600	4,512	4,248
３億円	9,032	8,888	8,789	8,492
４億円	13,835	13,675	13,565	13,235
５億円	18,836	18,675	18,565	18,235
10億円	45,639	45,463	45,342	44,979

（※）１億円・令和13年３月死亡の場合の暦年贈与による相続税

相続税（法定相続人：子１人）　１億円 －（110万円 × ７年）× ２人 ＋（110万円 × ７年 － 100万円）× １人 ＝ 9,130万円 ⇒ 959万円

【受贈者が子２人の場合】

①　令和６年４月から毎年110万円を相続時精算課税贈与した場合の相続税

（単位：万円）

相続開始年月／相続財産	令和９年３月（３年経過）	令和11年３月（５年経過）	令和13年３月（７年経過）	令和16年３月（10年経過）
１億円	672	606	（※）540	440
２億円	3,142	3,010	2,878	2,680
３億円	6,656	6,480	6,304	6,040
４億円	10,656	10,480	10,304	10,040
５億円	14,914	14,716	14,518	14,220
10億円	39,170	38,950	38,730	38,400

（※）１億円・令和13年３月死亡の場合の相続時精算課税贈与による相続税

相続税（法定相続人：子２人）　１億円 －（110万円 × ７年）× ２人 ＝ 8,460万円 ⇒ 540万円

② 令和６年４月から毎年110万円を暦年贈与した場合の相続税

（単位：万円）

相続開始年月／相続財産	令和９年３月（３年経過）	令和11年３月（５年経過）	令和13年３月（７年経過）	令和16年３月（10年経過）
１億円	770	740	（※）740	642
２億円	3,340	3,280	3,280	3,082
３億円	6,920	6,840	6,840	6,576
４億円	10,920	10,840	10,840	10,576
５億円	15,210	15,120	15,120	14,824
10億円	39,500	39,400	39,400	39,070

（※）１億円・令和13年３月死亡の場合の暦年贈与による相続税

相続税（法定相続人：子２人）　１億円－（110万円 × ７年）× ２人
＋（110万円 × ７年 － 100万円）× ２人 ＝ 9,800万円 ⇒ 740万円

相続時精算課税贈与の場合、贈与を受けた金額から基礎控除額110万円を控除した金額が相続財産に加算されます。

一方、暦年贈与の場合には、相続又は遺贈によって財産を取得した者が、その被相続人から相続開始前７年以内の贈与財産は相続財産に加算されますが、加算対象期間内に取得した財産のうち相続開始前３年以内に取得した財産以外の財産については、その財産の贈与時の価額の合計額から総額100万円までは相続税の課税価格に加算されません。

そのため、相続開始までの期間が10年以内と予想される場合に、毎年110万円を贈与するときは、父の所有する財産の額にかかわらず相続時精算課税贈与を選択することが有利となります。

3 小規模企業共済制度への加入 長期

国の機関である中小機構が運営する小規模企業共済制度は、小規模企業の経営者や役員、個人事業主などのための、積立てによる退職金制度です。小規模企業共済には、常時使用する従業員の数が一定人数以下の個人事業の事業主とその共同経営者の方、また、小規模企業を経営している会社等の役員の方が加入できます。共済金は、退職・廃業時に受取りが可能で、満期や満額はありません。

月々の掛金は1,000円～70,000円まで500円単位で自由に設定が可能で、加入後も増額・減額できます。確定申告の際は、その全額を課税対象所得から控除できるため、高い節税効果があります。

また、遺族が共済金を受け取る場合には、相続税法上「死亡退職金」とされ、法定相続人数×500万円までは相続税は非課税とされます。

以上のように、掛金は毎年所得から控除され所得税や住民税が軽減されます。また、死亡まで掛け続けることで遺族が受け取る共済金は「死亡退職金」として相続税の非課税規定の適用を受けることかできます。

現預金として残すよりも小規模企業共済金として残せば、税負担は相当額軽減することにつながります。

4　孫へ暦年贈与する　短　期

暦年贈与による生前贈与の加算制度は、相続又は遺贈により財産を取得した者が、その相続開始前７年以内にその相続に係る被相続人から暦年課税による贈与により財産を取得したことがある場合とされているため、子や孫などが被相続人から相続開始前７年以内に贈与を受けたときであっても、その者が相続又は遺贈により財産を取得していなければ、相続税の課税価格に加算されることなく、贈与税の課税のみで完結します。

贈与税も相続税も最低税率は10％から最高税率は55％の累進税率とされています。生前に財産の移転があった場合には「贈与税」が、死亡後の財産の移転については「相続税」が課されることから、相続税の限界税率（適用される税率区分の中で最も高い部分の税率）と贈与税の負担割合とを比較して、少ない税負担の範囲内で暦年贈与を実行することが肝要です。

贈与により孫へ財産を移転すれば、相続税の課税を１回飛ばすことになり、かつ、贈与税には相続税額の２割加算の制度はありません。

相続対策では、孫などへ世代飛ばし贈与を行うことで、相続税及び贈与税の合計税額で税負担を軽減させることが期待されます。

【設　例】

1．　被相続人　父（令和６年３月死亡）
2．　相続人　長男・長女。長男には子甲・乙が、長女には子丙・丁がいて全員18歳未満である。
3．　相続財産（生前贈与前）
　現預金10,000万円、その他の財産16,000万円
4．　遺産分割　法定相続分どおり相続する。

5.　生前贈与

	長男の子へ現金贈与		長女の子へ現金贈与	
	甲	乙	丙	丁
令和５年12月	500万円	500万円	500万円	500万円
贈与税	53万円	53万円	53万円	53万円
令和６年１月	500万円	500万円	500万円	500万円
贈与税	53万円	53万円	53万円	53万円

6.　相続税の計算　（単位：万円）

	生前贈与なし		5.の生前贈与を実行	
	長男	長女	長男	長女
現預金	5,000	5,000	3,000	3,000
その他の財産	8,000	8,000	8,000	8,000
課税価格	13,000	13,000	11,000	11,000
相続税の総額	5,320		3,940	
各人の算出税額	2,660	2,660	1,970	1,970
納付した贈与税	—	—	212	212
合計税額	5,320		4,364	

実務上留意したい点は、贈与を受けた孫が金銭感覚を失ってしまわないよう現金の贈与は避けることが賢明です。

そのため、以下のような工夫が求められます。

①　祖父母が、家族が主宰する同族会社へ金銭を貸し付けて、その貸付金（債権）を孫へ贈与する（贈与税は貸付金の弁済資金を充当する。）。

②　家族が主宰する同族会社の株式等と贈与税相当額の現金を孫へ贈与する。

③　孫を保険契約者（保険料負担者）、祖父母又は父母を被保険者とする保険契約の保険料相当額と贈与税の合計額の金銭を贈与する。

5 非課税贈与をする 短　期

現預金を贈与税の非課税贈与を活用して贈与すると、贈与税の課税を受けることなく相続財産を減少させることができます。

そこで、実務で活用される頻度の高い二つの非課税贈与について解説します。

（1） 直系尊属から教育資金の一括贈与を受けた場合の贈与税の非課税

ア　制度の概要

平成25年4月1日から令和8年3月31日までの間に、個人（教育資金管理契約を締結する日において30歳未満の者に限ります。）が、その直系尊属と受託者との間の教育資金管理契約に基づき信託の受益権等を取得した場合、その信託受益権等の価額のうち1,500万円までの金額（既に本特例の適用を受けて贈与税の課税価格に算入しなかった金額がある場合には、その算入しなかった金額を控除した残額）に相当する部分の価額については、贈与税の課税価格に算入しないこととされています。

ただし、その個人の信託受益権等を取得した日の属する年の前年分の合計所得金額が1,000万円を超える場合には、適用されません（租特70の2の2①）。

イ　贈与者死亡時の相続税の課税

信託等があった日から教育資金管理契約の終了の日までの間に贈与者が死亡した場合（受贈者が23歳未満である場合等（注1）に該当する場合を除きます。）には、その贈与者に係る受贈者については、管理残額（注2）をその贈与者から相続又は遺贈により取得したものとみなして、相続税法その他相続税に関する法令の規定が適用され、管理残額は、相続税の課税対象に含まれることとなります。

（注1）「23歳未満である場合等」とは、贈与者が死亡した日において、受贈

者が以下の場合に該当する場合（②又は③の場合に該当する場合には、その旨を明らかにする書類を、その贈与者が死亡した旨の届出と併せて提出又は提供した場合に限ります。）をいいます（租特70の２の２⑬）。

① 23歳未満である場合

② 学校等に在学している場合

③ 教育訓練給付金の支給対象となる教育訓練を受講している場合

（注２）「管理残額」とは、贈与者が死亡した日における非課税拠出額から教育資金支出額（学校等以外に支払う教育資金については、500万円を限度とします。）を控除した残額のうち、その贈与者から取得した信託受益権等で本特例の適用を受けた部分の価額に対応する金額をいいます（租特70の２の２⑫一、租特令40の４の３㉑）。

なお、令和５年４月１日以後に直系尊属から教育資金の一括贈与を受けた場合には、以下のような改正が行われています。

① 契約終了時の残高に贈与税が課される際の税率は、贈与税の一般税率とする（租特70の２の２⑰二）。

② 契約期間中に贈与者が死亡した際、当該贈与者に係る相続税の課税価格の合計額（小規模宅地等の特例適用後の遺産総額で教育資金の残額は含めない。）が５億円を超える場合には、受贈者の年齢等に関わらず、残高を相続財産に加算する（租特70の２の２⑬）。

そこで、教育資金の非課税贈与を受けた場合の課税関係について、以下の設例で確認します。

【設 例】贈与者１人

1．被相続人 祖父（令和６年３月死亡）

2．教育資金の非課税贈与等（全額祖父からの贈与）

贈与等の年月日	非課税贈与	教育資金支出額
平成31年３月	200万円	—
令和元年７月	400万円	—

令和元年10月	―	200万円
令和３年２月	300万円	―
令和３年４月	100万円	―
令和３年10月	―	400万円
令和５年５月	500万円	―
合　計	1,500万円	600万円

3.　管理残額

（1）　受贈者が23歳未満である場合等

(1,500万円 － 600万円) × (500万円（※）÷ 1,500万円) ＝ 300万円（管理残額）

(※)令和５年５月に受けた贈与額。なお、死亡した贈与者に係る相続税の課税価格の合計額が５億円以下の場合には、管理残額は相続又は遺贈により取得したものとはみなされません。

（2）　受贈者が23歳未満である場合等に該当しない場合

(1,500万円 － 600万円) × (900万円（※）÷ 1,500万円) ＝ 540万円（管理残額）

(※)次の金銭は含みません。

・平成31年３月31日以前に取得をしたもの
・平成31年４月１日から令和３年３月31日までの間に取得をしたもののうち、その贈与者の死亡前３年以内に取得をしたものではないもの

なお、管理残額540万円のうち２割加算の対象とならない部分の金額は、以下のように計算されます。

540万円 － 540万円 × (600万円（※１）÷ 900万円（※２）) ＝ 180万円

(※１)祖父から取得し、特例の適用を受けた金銭のうち、令和３年４月１日以後に取得をしたもの

(※２)祖父から取得し、特例の適用を受けた金銭のうち、次に掲げるものの合計額

・平成31年４月１日から令和３年３月31日までの間に取得をしたもので、贈与者の死亡前３年以内に取得をしたものに限ります。

・令和３年４月１日以後に取得をしたもの

【設　例】贈与者２人（受贈者が23歳未満である場合等に該当しない場合）

1．被相続人　祖父（令和６年３月死亡）・祖母（令和７年８月死亡）

2．教育資金の非課税贈与等

贈与等の年月日	非課税贈与		教育資金支出額
	祖父	祖母	
平成31年３月	400万円	—	—
令和元年７月	—	250万円	—
令和３年10月	—		500万円
令和５年６月	500万円	350万円	—
令和５年10月	—		600万円
合計	900万円	600万円	1,100万円

3．管理残額

（1）祖父死亡時の管理残額

（1,500万円 － 1,100万円）×（500万円（※）÷ 1,500万円）＝ 1,333,333円（管理残額）

（※）次の金銭は含みません。

・平成31年３月31日以前に取得をしたもの

・平成31年４月１日から令和３年３月31日までの間に取得をしたもののうち、その贈与者の死亡前３年以内に取得をしたものではないもの

（2）祖母死亡時の管理残額

（1,500万円 － 12,333,333円（※１））×（350万円（※２）÷ 1,000万円（※３））＝ 933,333円（管理残額）

（※１）祖母の死亡の日前に祖父から相続又は遺贈により取得したものとみなされた管理残額1,333,333円を含みます。

（※２）次の金銭は含みません。

・平成31年３月31日以前に取得をしたもの

・平成31年４月１日から令和３年３月31日までの間に取得をしたもののうち、その贈与者の死亡前３年以内に取得をしたものではないもの

（※３）祖父の死亡につき相続又は遺贈により取得したものとみなされた管理残額があることから、その管理残額の計算の基礎とされた金銭500万円を控除します。

（３）　教育資金の非課税贈与があった場合の相続税の軽減額

教育資金の非課税贈与があった場合に相続税がどれくらい軽減されるかについて、以下の設例で確認します。

【設　例】

1.　被相続人　父（令和６年３月死亡）

2.　相続人　長男・長女

3.　相続財産　現預金等　３億円

4.　遺産分割　法定相続分どおり相続する。

5.　生前贈与　父は、長男と長女の子に令和３年２月にそれぞれ教育資金の贈与を行った。

長男の子Ａ（15歳）　1,500万円

長女の子Ｂ（12歳）　1,500万円

6.　相続税の計算　（単位：万円）

	教育資金の贈与を実行		【参考】教育資金の贈与がなかった場合	
	長男	長女	長男	長女
現預金等	15,000	15,000	16,500	16,500
相続税の総額	6,920		8,120	
各人の算出税額	3,460	3,460	4,060	4,060

この設例の場合には、教育資金の贈与があった場合には、贈与を受けたＡやＢに対して贈与税は非課税とされ、相続税も1,200万円軽減されることになります。

なお、受贈者であるＡ又はＢが30歳に達したことなど教育資金口座に係る契約の終了事由に該当することとなった場合に、管理残額があるときはその残額が終了の日の属する年の受贈者の贈与税の課税価格に算入されます。その結果、その年の贈与税の課税価格の合計額が基礎控除額を超えるなどの場合には、贈与税の申告期限までに贈与税の申告を行う必要があります。

（２）　住宅取得等資金の非課税贈与

令和４年１月１日から令和８年12月31日までの間に、父母や祖父母など直系尊属からの贈与により、自己の居住の用に供する住宅用の家屋の新築、取得又は増改築等（以下「新築等」といいます。）の対価に充てるための金銭（以下「住宅取得等資金」といいます。）を取得した場合において、一定の要件を満たすときは、省エネ等住宅の場合には1,000万円まで、それ以外の住宅の場合には500万円までの金額について、贈与税が非課税となります（租特70の２①②六、租特令40の４の２）。

＜受贈者の要件＞

次の要件の全てを満たす受贈者が非課税の特例の対象となります。

①　贈与を受けた時に贈与者の直系卑属（贈与者は受贈者の直系尊属）であること。

②　贈与を受けた年の１月１日において、18歳以上であること。

③　贈与を受けた年の年分の所得税に係る合計所得金額が2,000万円以下（新築等をする住宅用の家屋の床面積が40㎡以上50㎡未満の場合は、1,000万円以下）であること。

④　平成21年分から令和３年分までの贈与税の申告で「住宅取得等資金の非課税」の適用を受けたことがないこと。

⑤　自己の配偶者、親族などの一定の特別の関係がある人から住宅用の家屋の取得をしたものではないこと、又はこれらの方との請負契約等により新築若しくは増改築等をしたものではないこと。

⑥　贈与を受けた年の翌年３月15日までに住宅取得等資金の全額を充てて住宅用の家屋の新築等をすること。

（注）　受贈者が「住宅用の家屋」を所有する（共有持分を有する場合も含まれます。）ことにならない場合は、この特例の適用を受けることはできません。

⑦　原則として贈与を受けた時に日本国内に住所を有していること。

⑧　贈与を受けた年の翌年３月15日までにその家屋に居住すること又は同日後遅滞なくその家屋に居住することが確実であると見込まれること。

（注）　贈与を受けた年の翌年12月31日までにその家屋に居住していないときは、この特例の適用を受けることはできませんので、修正申告が必要となります。

以上のほか、住宅用の家屋の新築、取得又は増改築等の要件などを満たす必要があります。

また、非課税の特例の適用を受けるためには、贈与を受けた年の翌年２月１日から３月15日までの間に、非課税の特例の適用を受ける旨を記載した贈与税の申告書に戸籍の謄本、新築や取得の契約書の写しなど一定の書類を添付して、納税地の所轄税務署に提出する必要があります。贈与税の申告期限内に申告をしないと非課税贈与に該当しないことから、非課税規定の適用を受けることができません。

6 非課税財産へ組み換える 短　期

（１） 生命保険金の非課税規定

被相続人の死亡により相続人（相続を放棄した人や相続権を失った人を除きます。）が取得した生命保険契約の保険金等については、次の①又は②に掲げる場合の区分に応じ、その定める金額に相当する部分は課税されません（相税３①一・12①五）。

保険金の非課税限度額 ＝ 500万円 × 法定相続人の数

① 各相続人の取得した保険金の合計額が保険金の非課税限度額以下である場合

各相続人が実際に取得した保険金の金額 ＝ 非課税金額

② 各相続人の取得した保険金の合計額が保険金の非課税限度額を超える場合

$$\text{保険金の非課税限度額} \times \frac{\text{その相続人が取得した保険金の合計額}}{\text{各相続人が取得した保険金の合計額}}$$

＝ 非課税金額

（注１）被相続人に養子がある場合には、非課税限度額の計算上、法定相続人の数に算入する養子の数については、①実子がある場合…１人、②実子がいない場合…２人までとされます（相税15②）。

（注２）死亡退職金についても同様の取扱いがあります（相税３①一・12①六）。

国内の一部大手生命保険会社では、一時払終身保険を販売していて、被保険者の加入年齢が90歳までとされているため、相続税の生命保険金の非課税枠を使い残している人は、預貯金から生命保険金へ組み換えることで一定額までが非課税として取り扱われます。

（2）　墓地、仏壇等

相続税法では、相続税の課税価格に算入しない財産（以下「非課税財産」といいます。）として、いくつかのものを掲げています。その中の一つに「墓所、霊びょう及び祭具並びにこれらに準ずるもの」があります（相税12①二）。

現預金などで墓地、仏壇等を購入すれば、いわゆる相続税の課税対象となる現預金が、たちどころに非課税財産に変化することとなります。

非課税財産取得に当たっての注意点は以下のとおりです。

①　あくまでも生前取得でないと非課税財産にはなりません。

②　借入れ等をして墓地等を取得しても、その借入金等は相続の計算上債務として控除することはできません。

③　美術品と認定されるような黄金の仏壇や貸金庫に安置されている仏像などは非課税財産と判定されないと思われます。

④　祭具等には骨董品又は投資の対象として所有するものは含まれません。

7 同族法人へ増資する 短　期

事業承継対策では、後継者が事業を承継した後において、順調に事業を継続することができるような視点でも対策を検討しておく必要があります。

そこで、現経営者が所有する不動産を事業会社が利用している場合には、その不動産をその事業会社へ現物出資しておけば、後継者は自社株を相続すれば事業に必要な資産を全て承継することができます。また、現経営者の金融資産を増資資金として投入しておけば、事業会社の財務内容はさらに強固なものとなります。

この場合、特定の株主に対して株式を割当増資するときは、既存株主の不利益にならないよう慎重に行わなければなりません。例えば、発行価格が時価より著しく低いときには株主総会の特別決議を経なければならないし、同族株主間における課税問題も生じることとなります。そこで、発行価格については、財産評価基本通達に定める相続税評価額によって求めた価額から時価純資産価額による価額の範囲内で、適正な発行価格を算定するようにします。相続税対策の効果を最大限に発揮させるには、時価純資産価額によって算定された発行価格が、その株式の時価と相続税評価額の差が最も大きくなることから選択されることが多いと思われます。

一方、債務超過の会社の株式等の相続税評価額がゼロである場合には、時価発行増資を引き受ける者１人に全ての株式を贈与などによって集約し、同族株主間の贈与課税の問題が生じないようにしておく手法が用いられるものと思います。この場合には、株主は１人ですので、増資は株主割当増資となり、発行価格は自由に定めることができます。

例えば、不動産管理会社が債務超過の場合、１人株主の個人が所有する不動産を現物出資して債務超過を解消すれば、債務超過が解消される部分の財産の圧縮につながります。

なお、不動産を現物出資した場合には、「資産の譲渡」に該当し、譲渡所得の基因となる資産を法人に対して現物出資したことによって発生する譲渡所得を計算する際の収入金額は、出資した不動産の時価ではなく、現物出資により取得した株式や出資持分のその時における価額（時価）に相当する金額（※）を基として計算することとされています。ただし、取得株式の時価が出資した不動産の時価の１／２未満である場合には、低額譲渡として不動産の時価が収入金額となります。

この対策によって、現経営者が所有する不動産や金融資産が自社株に組み換えられ、時価と相続税評価額の差額を利用した相続税の負担軽減にも役立ちます。しかし、不動産を現物出資する場合には、譲渡税や不動産取得税などの負担にも留意しておく必要があります。

（※）現物出資により取得した株式や出資持分のその時における価額（時価）に相当する金額

その株式の発行法人の１株当たりの純資産価額等を参酌して通常取引されると認められる価額によります（所基通23～35共－９（４）ニ）。

この場合には、次によることを条件に、財産評価基本通達の178から189－７まで（(取引相場のない株式の評価)）の例により算定している場合には、著しく不適当と認められるときを除き、その算定した価額として差し支えないとされています。

①　当該株式の価額につき財産評価基本通達により算定する場合において、当該株式を取得した者が発行法人にとって「中心的な同族株主」に該当するときは、発行法人は常に「小会社」に該当するものとすること。

②　その株式の発行法人が土地等又は上場有価証券を有しているときは、財産評価基本通達に定める「1株当たりの純資産価額」の計算に当たり、これらの資産については、そのときにおける価額によること。

③　「1株当たりの純資産価額」の計算に当たり、評価差額に対する法人税額等に相当する金額は控除しないこと。

【設　例】

1.　現経営者　父

2.　推定相続人　長男・二男

3.　父の相続財産

現金2億円（A社への増資資金払込前）、A社株式、その他の財産1億円

4.　A社の概要

①　株主　父が全株所有

②　相続税評価額　0円（純資産価額△4,000万円）

5.　A社への増資

父が、5,000万円増資を引き受け、その結果、A社の相続税評価額が1,000万円になると仮定する。

6.　相続税の計算　（単位：万円）

	増資前	増資後
現　金	20,000	15,000
A社株式	0	1,000
その他の財産	10,000	10,000
課税価格	30,000	26,000
相続税	6,920	5,320

8　評価差額の大きな資産へ組み換える　短　期

相続、遺贈又は贈与により取得した財産の価額は、当該財産の取得の時における時価による（相税22）と定め、時価とは、課税時期（相続、遺贈若しくは贈与により財産を取得した日）において、それぞれの財産の現況に応じ、不特定多数の当事者間で自由な取引が行われる場合に通常成立すると認められる価額をいい、その価額は、この通達の定めによって評価した価額による（評基通１）としています。

財産評価基本通達では、不動産の価額などについて定めていて、実務ではこの財産評価基本通達に基づいて土地や建物などを評価しています。

しかし、「この通達の定めによって評価することが著しく不適当と認められる財産の価額は、国税庁長官の指示を受けて評価する」（評基通６。以下「総則６項」といいます。）としています。

総則６項については、松田貴司編『財産評価基本通達逐条解説［令和５年版］』28頁（大蔵財務協会、2023）において、「評価基本通達に定める評価方法を画一的に適用した場合には、適正な時価評価が求められず、その評価額が不適切なものとなり、著しく課税の公平を欠く場合も生じることが考えられる。このため、そのような場合には、個々の財産の態様に応じた適正な時価評価が行えるよう定めている。」としています。

相続税の節税対策で、評価差額の大きな不動産を取得した事例で納税者が敗訴した事案では、租税負担の実質的な公平を著しく害しているものについては、課税庁は厳粛に対処しています。

総則６項に関連する東京地裁の主な判決から共通する事実を一覧表にすると、以下のとおりです。

＜総則６項に関する主な東京地裁判決における各要素の比較＞

	平成４年３月11日判決（判時1416・73）	平成５年２月16日判決（判タ845・240）	令和元年８月27日判決（税資269（順号13304））		令和２年11月12日判決（判タ1500・126）
不動産の取得時期	昭和62年10月９日	昭和61年４月～９月	（甲不動産）平成21年１月30日	（乙不動産）平成21年12月25日	平成25年８月20日
取得価額	75,850万円	584,260万円	83,700万円	55,000万円	150,000万円
相続開始日	昭和62年12月19日	昭和62年２月14日	平成24年６月17日		平成25年９月16日
取得時の被相続人の年齢	95歳	87歳	90歳		89歳
銀行借入れの額	80,000万円	565,100万円	63,000万円	37,800万円	150,000万円
売却時期	昭和63年４月～７月	相続開始直後に大半売却	—	平成25年３月７日	—
売却金額	77,400万円	売却代金で借入金の大半を完済	—	51,500万円	—
財産評価基本通達による時価（①）	13,170万円	127,398万円	20,003万円	13,366万円	47,761万円
課税庁による更正時価（②）	75,850万円	584,260万円	75,400万円	51,900万円	104,000万円
課税庁による時価の算定	取得価額	取得価額	鑑定評価額		鑑定評価額

時価との乖離 （①÷②）	62,680万円 （17.4%）	456,862万円 （21.8%）	55,397万円 （26.5%）	38,534万円 （25.8%）	56,239万円 （45.9%）
対策前の 相続税額	55,936万円	12,898万円	15,238万円		33,935万円
対策後の 相続税額	13,801万円	0	0		1,436万円
期待される 相続税の 軽減効果	△42,135万円	△12,898万円	△15,238万円		△32,499万円
更正処分による相続税額	55,936万円	12,898万円	24,049万円		12,040万円
結　審	平成５年10月28日：最高裁棄却	平成５年12月21日：東京高裁棄却	令和４年４月19日：最高裁棄却		令和４年４月19日：最高裁棄却

(注)上記の比較表の数値は、判決等で公表されている資料を基に筆者が作成し、数値が伏されている部分については、その他公表されている数値から推測して作成したもので、概要を確認することが可能な程度の精度であることに留意してください。

明らかに節税目的で取得したと思われる不動産の価額について、他の納税者との間での実質的な租税負担の公平を著しく害するとして、総則６項の規定によって否認された事例に共通する前提条件には、以下のような事由があります。

①　被相続人が高齢で、かつ、病気で入院等をしているなど相続開始が近いことが推測できる状況にある

②　取得日と相続開始日が近い（どの程度の期間遡るのかの検討が必要）

③　相続開始後、比較的「短期間」で譲渡し、譲渡価額は取得価額と近似している

④　不動産の取得に際し多額の借入金を利用している
⑤　租税負担の実質的な公平を著しく害している
⑥　明らかに節税目的と推測される
⑦　利用する意思がみられない
⑧　財産評価額（申告）と時価との開差が大きい

なお、課税庁は、多くの裁判例において、上記①ないし④に該当する事案については、財産評価基本通達の定める評価方法による評価額と、実際の取引価額との間に生じている開差を利用して、相続税の負担の軽減を図る目的で行われた行為を前提とするものについて、財産評価基本通達によらないことが許される特別の事情があるとして、総則６項の規定を適用しています。

超高齢者が多額の銀行借入金によって大きな評価差額が生じる収益不動産を取得した場合には、財産評価基本通達による評価額は否認されるリスクが高いと考えられます。

しかし、銀行からの借入金によって購入されたものではなく、自己資金によって取得された場合には、その相続財産としての価額を総則６項により客観的な交換価格によって評価することを正当化する理由はなく、その評価は、通常の場合と同様の方法によって行われるべきものと考えられる（東京地判平５・２・16判タ845・240）とする判決がありますが、租税回避と認定されないよう、細心の注意を払いながら上手に賃貸不動産などを利用することが肝要です。

9　国等へ寄附する　相続後

相続や遺贈によって取得した財産を、相続税の申告期限までに、国、地方公共団体、公益を目的とする事業を行う特定の法人又は認定非営利活動法人（認定NPO法人）に寄附した場合や特定の公益信託の信託財産とするために支出した場合は、その寄附をした財産や支出した金銭は相続税の対象としない特例があります（租特70①）。

この特例の適用を受けるには、次の要件全てに当てはまることが必要です。

①　寄附した財産は、相続や遺贈によって取得した財産であること。

相続や遺贈で取得したとみなされる生命保険金や退職手当金も含まれます。

②　その取得した財産を相続税の申告書の提出期限までに寄附すること。

③　寄附した先が国、地方公共団体又は教育や科学の振興などに貢献することが著しいと認められる一定の「特定の公益法人」であること。

この特例の適用を受けるためには、相続税の申告書にこれらの特例の適用を受けようとする旨を記載し、かつ、その適用を受ける寄附又は支出をした財産の明細書その他一定の書類を添付して申告しなければなりません（租特70⑤）。

また、相続人の所得税や住民税が軽減されます。さらに、市町村への寄附であれば「ふるさと納税」の対象ともなります。

ふるさと納税とは、自分の選んだ自治体に寄附（ふるさと納税）を行った場合に、寄附額のうち2,000円を超える部分について、所得税と住民税から原則として全額が控除される制度です（一定の上限はあります。）。

例えば、年収700万円の給与所得者の方で扶養家族が配偶者のみの場合、30,000円のふるさと納税を行うと、2,000円を超える部分である28,000円(30,000円　－　2,000円)が所得税と住民税から控除されます。

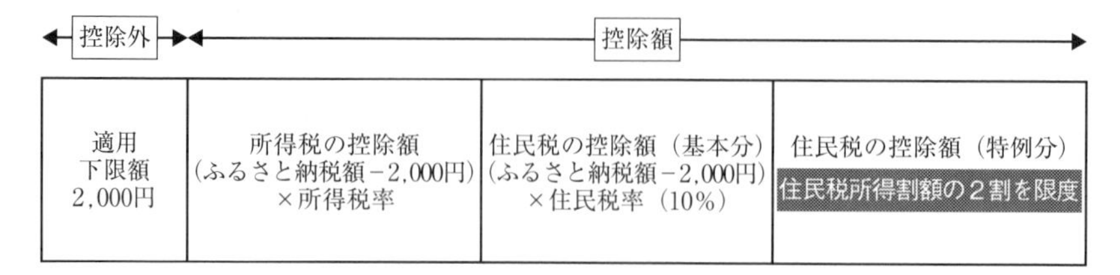

（出典：総務省ふるさと納税ポータルサイト）

相続財産を自治体に寄附するとき、ふるさと納税を利用した場合も相続税の非課税の特例の対象ですので、所得税と住民税だけでなく、相続税も節税できる可能性があります。

ただし、相続財産をふるさと納税で寄附するときは、以下の要件を満たしていなければなりません。

① 遺言による寄附ではないこと（遺言による寄附は相続税のみ非課税とされる。）

② 相続税の申告期限（相続開始から10か月以内）までにふるさと納税を行い、寄附証明書を申告書と一緒に提出すること

③ ふるさと納税を行う前に遺産分割を終えていること（相続財産からの寄附であること）

所得税と住民税の控除については、国や特定の公益法人に寄付したときと同様に、所得税の確定申告をすると受けられます。

【設　例】

1．相続人の課税所得金額　2,000万円（限界税率40％）

2．相続分に応じた取得金額　5,000万円超１億円以下　相続税の税率　30％

3．相続した現金60万円を○○市へ相続税の申告期限内に寄附

4.　相続税の減税額　60万円 × 30% ＝ 18万円
5.　所得税の減税額　（60万円 － 2,000円）× 40% × 1.021（復興特別所得税）＝ 244,223円
6.　住民税（基本控除額）（60万円 － 2,000円）× 10% ＝ 59,800円
7.　住民税（特別控除）　（60万円 － 2,000円）×（90% － 40% × 1.021）＝ 293,976円（住民税所得割額の20%を限度）
8.　減税額合計（4. ＋ 5. ＋ 6. ＋ 7.）　777,999円

この設例の場合、60万円を○○市へ寄附することによって、減税額合計は777,999円となり寄附した金額以上の節税となります。さらに、○○市からお礼の品も受け取れます。

10 配偶者が相続する 相続後

相続人に配偶者がいる場合の遺産分割で、相続税の軽減を優先した場合、通算相続税が軽減されるような分割の工夫が必要です。

その場合、配偶者が、何をいくら相続するかについて一定の前提条件の下、いろいろな角度から検証しておかなければなりません。

配偶者が相続して第二次相続までに消費されるような財産については、配偶者が相続することが望ましいと考えられます。例えば、現預金などを配偶者が相続すれば、配偶者自身の老後生活資金として、また、子や孫への生前贈与などにも活用することができます。その結果、配偶者の相続開始までの間に、相続した現預金は減少することになり相続税の軽減につながることが期待されます。

【設　例】

1.　被相続人　父（令和6年3月死亡）

2.　相続人　母・長男

3.　父の相続財産と遺産分割　（単位：万円）

	現預金は母が相続（分割案1）		法定相続分どおり相続（分割案2）	
	母	長男	母	長男
現預金	6,000	—	3,000	3,000
その他の財産	7,000	13,000	10,000	10,000

※母の生活費は300万円/年、分割案1の場合には、毎年100万円を2人の孫へ生前贈与する。

4.　母の相続（令和16年3月に死亡すると仮定。）

母固有の財産　5,000万円（父から相続した財産を除く。）

５．相続税の計算　（単位：万円）

	分割案１			分割案２		
	父の相続		母の相続	父の相続		母の相続
	母	長男	長男	母	長男	長男
現預金	6,000	—	(※１) 1,000	3,000	3,000	(※２) 0
その他の財産	7,000	13,000	7,000	10,000	10,000	10,000
母固有の財産	—	—	5,000	—	—	5,000
課税価格	13,000	13,000	13,000	13,000	13,000	15,000
相続税の総額	5,320		2,120	5,320		2,860
各人の算出税額	2,660	2,660	2,120	2,660	2,660	2,860
配偶者の税額軽減	△2,660	—	—	△2,660	—	—
納付税額	0	2,660	2,120	0	2,660	2,860
通算相続税額	4,780			5,520		

(※１)6,000万円 －（300万円 × 10年 ＋ 100万円 × ２人 × 10年）＝ 1,000万円
(※２)3,000万円 －（300万円 × 10年）＝ 0

この設例の場合、母の相続までの間に、母が父から相続した現預金のうち、母の生活資金で消費していくもののほかに、分割案１の場合には孫への生前贈与資金にも活用しています。

その結果、母の相続の際の相続財産が減少していることから、第一次相続（父の相続）の相続税は同額であっても、通算相続税は740万円軽減されることになります。

第４章　その他の財産

相続財産は、主として不動産、有価証券及び現金・預貯金で占められていますが、相続税は一定の非課税財産などを除き、全ての財産に対して課されます。

このうち、被相続人の本来の財産（民法上の財産）ではない財産でも、相続税法上相続財産とみなして相続税が課されます。相続財産とみなされる財産の代表例が生命保険金や退職手当金などです。生命保険金は死亡保険金受取人が生命保険会社から受け取るものであって被相続人から相続したものではありません。しかし、その保険契約の保険料を被相続人が支払っていた場合には、相続税法上その死亡保険金を相続財産とみなして相続税を課税するとしています。

相続税は超過累進税率で課税されることから、生前中に所有する財産を少なくしておく対策や相続税評価額を引き下げておく対策などを実行すれば相続税の負担を確実に軽減することにつながります。

そこで、この章では、生命保険を活用した対策、退職手当金等についての対策、同族法人への貸付金の対策、及び相続後の債務の承継の留意点などについて解説することとします。

1　生命保険金等

対策メニュー	
長　期	生命保険金等を活用して遺留分権利者の遺留分を少なくする ⇒ 1
長　期	第二次相続対策に活用する ⇒ 2
長　期	みなし贈与を活用した相続対策 ⇒ 3
短　期	生命保険金の受取人を変更する ⇒ 4

Point

相続税の納税資金の確保を効率的に行うために、生命保険を活用した対策が行われます。その場合に、死亡保険金の課税関係は保険料負担者と保険金受取人によって異なることになるため、事前に確認が欠かせません。

解　説

（１）　死亡保険金の課税関係

被相続人の死亡によって取得した生命保険金や損害保険金で、その保険料の全部又は一部を被相続人が負担していたものは、相続税の課税対象となります。

この死亡保険金の受取人が相続人（相続を放棄した人や相続権を失った人は含まれません。）である場合、全ての相続人が受け取った保険金の合計額が次の算式によって計算した非課税限度額を超えるとき、その超える部分が相続税の課税対象になります。

500万円 × 法定相続人の数（注１）＝ 非課税限度額

なお、相続人以外の人が取得した死亡保険金には非課税の適用はありません。

(注１) 法定相続人の数は、相続の放棄をした人がいても、その放棄がなかったものとした場合の相続人の数をいいます。

(注２) 法定相続人の中に養子がいる場合、法定相続人の数に含める養子の数は、実子がいるときは１人、実子がいないときは２人までとなります。

各相続人一人一人に課税される金額は、次の算式によって計算した金額となります。

$$\text{その相続人が受け取った生命保険金の金額} - (\text{非課税限度額}) \times \frac{\text{その相続人が受け取った生命保険金の金額}}{\text{全ての相続人が受け取った生命保険金の合計額}} = \text{その相続人の課税される生命保険金の金額}$$

死亡保険金に対する課税関係は、保険契約の形態（保険契約者と死亡保険金受取人）によって以下のようになります。

<table>
<tr><th>保険契約者
（保険料負担者）</th><th>被保険者</th><th>死亡保険
金受取人</th><th>課税関係</th><th>財産の区分</th></tr>
<tr><td rowspan="2">父</td><td rowspan="4">父</td><td>父</td><td>相続税</td><td>本来の財産</td></tr>
<tr><td rowspan="3">長男</td><td>相続税</td><td>みなし相続財産</td></tr>
<tr><td>母</td><td>贈与税</td><td>みなし贈与
（相基通３－16）</td></tr>
<tr><td>長男</td><td>所得税</td><td>一時所得</td></tr>
</table>

（２）　生命保険契約に関する権利

相続開始の時において、まだ保険事故が発生していない生命保険契約に関する権利の価額は、相続開始の時においてその契約を解約するとした場合に支払われることとなる解約返戻金の額によって評価します。

その場合に、保険契約者＝保険料負担者であるときは「本来の財産」として遺産分割協議などによって相続することになります。一方、保険契約者≠保険料負担者である場合には、保険契約者が「みなし相続財産」として相続又は遺贈により取得したものとみなされます。

（３）　生命保険金と特別受益の関係

生命保険金は特段の事情がない限り、特別受益の対象となりません（最決平16・10・29判時1884・41）。

【決定の要旨】

（原　則）

被相続人が自己を保険契約者及び被保険者とし、相続人を受取人と指定して締結した保険契約による死亡保険請求権は下記の理由から特別受益の対象にはならない。

① 死亡保険金は受取人が自らの固有の権利として取得するものであり、被相続人から承継取得するものではないためこれらの者の相続財産に属するものではない。

② 死亡保険金請求権は被相続人が死亡した時に初めて発生するものであり、保険契約者の払い込んだ保険料と等価関係にたつものではない

③ 被相続人の稼働能力に代わる給付でもない

（例　外）

保険金取得のための費用である保険料は被相続人が生前に支払ったものであり、保険契約者である被相続人の死亡により保険金受取人で

ある相続人に死亡保険金請求権が発生することなどをかんがみると、保険金受取人である相続人とその他の共同相続人との間に生ずる不公平が民法903条の趣旨に照らし到底是認することができないほどに著しいものであると評価すべき特段の事情（注）が存する場合には、同条の類推適用により、その死亡保険金請求権は特別受益に準じて持戻しの対象と解することが相当である。

（注）「保険金の額」、「この額の遺産の総額に対する比率」、「同居の有無・被相続人の介護等に対する貢献の度合など保険金受取人である相続人及び他の共同相続人と被相続人との関係」「各相続人の生活実態等」の諸般の事情を総合考慮して判断すべきである。

＜特段の事情の有無について争われた裁判例＞

裁判所	判決・決定日	遺産の総額	保険金額	持戻しの有無
東京高裁	平成17年10月27日決定（家月58・5・94）	10,134万円	10,129万円	あり
名古屋高裁	平成18年３月27日決定（家月58・10・66）	8,423万円	5,154万円	あり（受取人である妻との婚姻期間３年５か月）
東京地裁	平成31年２月７日判決（平27（ワ）2978）	11,015万円	5,000万円	あり
東京地裁	令和３年９月13日判決（平29（ワ）29285）	2,179万円	1,475万円	あり
広島高裁	令和４年２月25日決定（判時2536・59）	772万円	2,100万円	なし（※）

（※）広島高裁の事例では、「死亡保険金の受取人である被相続人の妻は、現在54歳の借家住まいであり、死亡保険金により生活を保障すべき期間が相当長期間にわたることが見込まれ、これに対し、被相続人の母は、被相続人と長年別

居し、生計を別にしており、被相続人の父（抗告人の夫）の遺産であった不動産に長女及び二女と共に暮らしていることなどの事情を併せ考慮すると、保険金受取人である被相続人の妻とその他の共同相続人との間に生ずる不公平が民法903条の趣旨に照らし到底是認することができないほどに著しいものであると評価すべき特段の事情が存するとは認められないこと等から、死亡保険金を特別受益に準じて持ち戻すべきである旨の被相続人の母の主張には理由がない。」と判示しました。

対策メニュー

1　生命保険金等を活用して遺留分権利者の遺留分を少なくする　長　期

本来、死亡保険金は、契約者と保険会社との生命保険契約等に基づき支払われるものであることから、被相続人の遺産には該当しません。しかし、相続税法上は、被相続人が負担した保険料に相当する部分の生命保険金等は、受取人が保険金相当額の経済的利益を受けていることから、その取得した生命保険金等を相続又は遺贈により取得したものとみなし、課税することとしています。

生命保険金は、受取人の固有の財産となるため、被相続人の遺産ではありません。そのため、遺産分割の対象となる財産にも含まれません。よって、確実に受取人のものとすることができますので、確実に渡しておきたいという方がいる場合には、その方を受取人とした保険契約をしておくとよいでしょう。

以下の設例で、生命保険金が特別受益に該当しない場合に、遺産分割がどのようになるのか確認します。

【設　例】

1．前提条件

①　被相続人　父（令和６年３月死亡）

②　相続人　母・長男・長女

③　相続財産　7,500万円

④　生命保険金　3,000万円（母が受取人）

2．みなし遺産価額

①　生命保険金が特別受益に該当する場合　7,500万円 ＋ 3,000万円 ＝ 10,500万円

<各相続人の相続分>

母　：10,500万円 × 1/2 − 3,000万円（特別受益）＝ 2,250万円

長男：(7,500万円 − 2,250万円) × 1/2 ＝ 2,625万円

長女：(7,500万円 − 2,250万円) × 1/2 ＝ 2,625万円

②　生命保険金が特別受益に該当しない場合　7,500万円

<各相続人の相続分>

母　：7,500万円 × 1/2 ＝ 3,750万円

長男：7,500万円 × 1/4 ＝ 1,875万円

長女：7,500万円 × 1/4 ＝ 1,875万円

＊長男又は長女の遺留分

(7,500万円 ＋ 3,000万円) × 1/2 × 1/4 ＝ 1,312.5万円 ≦ 1,875万円

∴遺留分の侵害はないため、長男及び長女の相続分は1,875万円となる。

（単位：万円）

		特別受益の持戻し	
		持戻しをする場合	持戻しがない場合
相続財産		7,500	7,500
特別受益		3,000	―
みなし遺産価額		10,500	7,500
各相続人の相続分額	母	2,250	3,750
	長男	2,625	1,875
	長女	2,625	1,875

2　第二次相続対策に活用する　長　期

相続税は親の世代から次の世代へ、財産が承継されるときにかかる税金です。そのため、第一次相続（例えば父）だけでなく、第二次相続（母）のときの相続税の負担も考慮した対策が必要です。

父が財産を多く所有し、母は相続税の基礎控除額以下の財産しか所有していなくても、父の相続の際に、母が一定額相続することによって母の相続の際にも相続税負担が生じます。

そこで、第二次相続対策と相続税の納税資金対策を兼ねて生命保険を活用した対策を実行しておきたいものです。

具体的には、父が契約者（保険料負担者）、母が被保険者、父が保険金受取人とする生命保険契約を締結します。契約者である父が死亡した場合には、「生命保険契約に関する権利」として解約返戻金相当額が相続財産となります。この場合の解約返戻金は支払保険料総額を下回る金額であることが大半です。そのため、その差額に相当する金額だけ相続財産が少なく計算されます。

そして、その生命保険契約に関する権利を「母」が相続し、母の相続が開始すると、相続人が受け取った生命保険金のうち一定額は非課税とされます。

一方、その生命保険契約に関する権利を「子」が相続し、母に相続が開始するとその子の一時所得として課税されることになります。母の相続財産が多い場合には、相続税として課税されるよりも一時所得として課税される方が有利なときもあることから、父の相続の際に誰が生命保険契約に関する権利を相続するか慎重に検討しなければなりません。

【設　例】

1.　被相続人　父（令和6年3月死亡）
2.　相続人　　母・長男
3.　相続財産　その他の財産4億円と5.に掲げる生命保険契約
4.　遺産分割　その他の財産は法定相続分どおり相続する。
5.　生命保険契約
　母を被保険者とする契約で一時払い保険料5,000万円（死亡保険金6,000万円、解約返戻金4,000万円）
6.　母固有の財産はないものとし、母は令和7年5月に死亡するものと仮定。
7.　相続税の計算　（単位：万円）

	父の相続（母が生命保険契約を相続）		母の相続	父の相続（長男が生命保険契約を相続）		母の相続
	母	長男	長男	母	長男	長男
その他の財産	20,000	20,000	20,000	20,000	20,000	20,000
生命保険契約	4,000	—	—	—	4,000	—
死亡保険金	—	—	6,000	—	—	—
同上非課税金額	—	—	△500	—	—	—
課税価格	24,000	20,000	25,500	20,000	24,000	20,000
相続税の総額	12,520		7,155	12,520		4,860
各人の算出税額	6,829	5,691	7,155	5,691	6,829	4,860
配偶者の税額軽減額	△6,260	—	—	△5,691	—	—

相次相続控除額	—	—	(※1) △512	—	—	—
納付税額	569	5,691	6,643	0	6,829	4,860
通算相続税額	12,903			11,689		
所得税等	—			(※2) 261		
合計税額	12,903			11,950		

(※1)569万円 × (10年 − 1年) ÷ 10年 ≒ 512万円
(※2)長男が父から生命保険契約に関する権利を相続し、母の死亡によって受け取った生命保険金に対する所得税等の額(長男のその年の課税所得金額は4,000万円超と仮定。)
{(6,000万円−5,000万円) −50万円} ×1/2 ×55% ≒261万円

以上の設例の場合には、父が一時払いの保険料を負担しその解約返戻金との差が1,000万円(5,000万円 − 4,000万円)あることから、父の相続税は法定相続分どおり相続すると仮定すると220万円(※)軽減されます。

さらに、死亡保険金は支払った保険料以上の保険金として相続人に支払われることから納税資金も多く確保することにつながります。生命保険契約に関する権利を相続する人を長男にすれば母が相続するよりも合計税額が少なくなります。

(※)生命保険契約の有無による父の相続税　(単位:万円)

	生命保険契約あり	生命保険契約なし
課税価格	44,000	45,000
相続税	6,260	6,480

3　みなし贈与を活用した相続対策　長　期

高齢の者が長期間にわたり贈与を継続して実行したいと考える場合に、途中で認知症になってしまうなどの事由で、贈与者の意思表示が失われてしまうことも予想されます。そこで、終身保険の保険金の一部を生存給付金として受け取ることができる商品を活用して推定相続人等を受取人としておけば、その生存給付金を受け取った都度、みなし贈与があったものとして贈与税の課税の対象とされます。

生存給付金による贈与は、相続税法の規定に基づくみなし贈与に該当し、相続税法５条（贈与により取得したものとみなす場合）の規定に基づき課税されることから、民法上の贈与のように贈与者と受贈者の意思表示の有無に関わらず贈与税が課されることとなります。したがって、将来の相続税の税務調査において、贈与が否認される心配がなく、確実な財産移転を図ることができます。

民法上の贈与は、贈与者が認知症などで意思能力が失われてしまうと、実行することが不可能となりますが、生存給付金については、契約成立後に契約者の意思能力が失われても当初の契約に基づき生存給付金の支払が継続して行われる点でも相続対策として活用することができます。

一方、定期金給付契約に基づき、例えば、毎年400万円ずつ10年間にわたって贈与を受けることが贈与者との間で約束されている場合には、その契約をした年において、定期金給付契約に基づく定期金に関する権利の贈与を受けたものとして定期金の評価額に対して贈与税が課されることとされています。

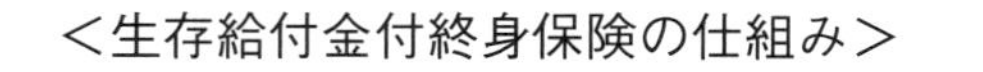
＜生存給付金付終身保険の仕組み＞

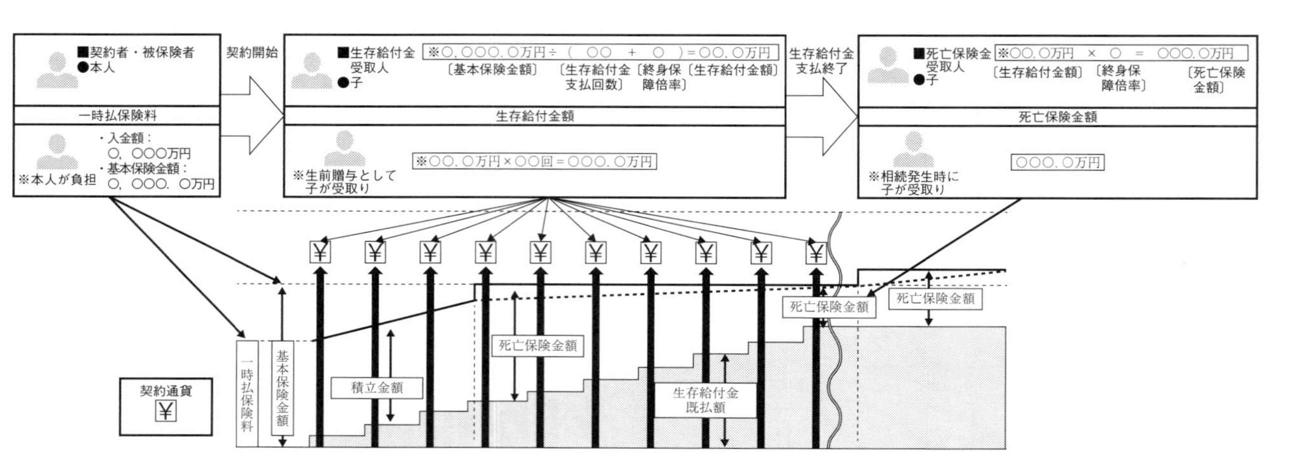
■契約者・被保険者
●本人
一時払保険料
・入金額：
○，○○○万円
・基本保険金額：
○，○○○．○万円
※本人が負担
契約開始
■生存給付金受取人
●子
※○，○○○．○万円÷（　○○　＋　○　）＝○○．○万円
〔基本保険金額〕〔生存給付金支払回数〕〔終身保障倍率〕〔生存給付金額〕
生存給付金額
※○○．○万円×○○回＝○○○．○万円
※生前贈与として子が受取り
生存給付金支払終了
■死亡保険金受取人
●子
※○○．○万円　×　○　＝　○○○．○万円
〔生存給付金額〕〔終身保障倍率〕〔死亡保険金額〕
死亡保険金額
○○○．○万円
※相続発生時に子が受取り
¥
一時払保険料
基本保険金額
積立金額
死亡保険金額
生存給付金既払額
死亡保険金額
死亡保険金額
契約通貨
¥

【設　例】
1.　契約者（推定被相続人）　父
2.　生命保険の内容
　①　生存給付金付終身保険契約者及び被保険者　父
　②　終身保険金額　1,000万円
　③　生存給付金対象額　4,000万円
　　（契約日の１か月後を第１回とし10年間にわたり支払われる。）
　※生存給付金の支払期間中に被保険者に保険事故が発生した場合には、終身保険金額に生存給付金の未払残額を加算した金額が死亡保険金として支払われる。
　④　死亡保険金の受取人　長男（40歳）
　⑤　生存給付金の受取人　長男

（１）　課税関係

ア　生存給付金に対する課税

生命保険金等の支払があった場合において、その生命保険契約に係る保険料の全部又は一部が保険金受取人以外の者によって負担されたものであるときは、この生命保険金等の支払があった時において、保険金受取人が、その取得した保険金のうち当該保険金受取人以外の者が負担した保険料の金額のこれらの契約に係る保険料でこれらの保険事故が発生した時までに払い込まれたものの全額に対する割合に相当する部分を当該保険料を負担した者から贈与により取得したものとみなすこととされています。

そのため当該生存給付金についても、保険料は契約者である父が負担していたため、長男が受け取った生存給付金については、父から贈与により受け取ったものとみなされ、贈与税が課されることとなります。

長男に課される贈与税　（400万円 － 110万円）× 15％ － 10万円
＝ 33.5万円

イ　死亡保険金に対する課税

被保険者である父の死亡により支払われた死亡保険金については、その保険料を被相続人が負担していたときにはその受取人が相続又は遺贈によりその保険金を取得したとみなされて相続税が課されることとされていることから、当該死亡保険金は長男に対して相続税が課されることとなります。

（２）　定期贈与に該当しないか

定期金給付契約に基づき毎年400万円ずつ10年間にわたって贈与を受けることが贈与者との間で約束されている場合には、その契約をした年において、定期金給付契約に基づく定期金に関する権利の贈与を受けたものとして定期金の評価額に対して贈与税が課されることとされています。

【相続税法】

（定期金に関する権利の評価）

第24条　定期金給付契約で当該契約に関する権利を取得した時において定期金給付事由が発生しているものに関する権利の価額は、次の各号に掲げる定期金又は一時金の区分に応じ、当該各号に定める金額による。

一　有期定期金　次に掲げる金額のうちいずれか多い金額

イ　当該契約に関する権利を取得した時において当該契約を解約するとしたならば支払われるべき解約返戻金の金額

ロ　定期金に代えて一時金の給付を受けることができる場合には、当該契約に関する権利を取得した時において当該一時金の給付を受けるとしたならば給付されるべき当該一時金の金額

ハ　当該契約に関する権利を取得した時における当該契約に基づき定期金の給付を受けるべき残りの期間に応じ、当該契約に基づき給付を受けるべき金額の１年当たりの平均額に、当該契約に係る予定利率による複利年金現価率（複利の計算で年金現価を算出するための割合として財務省令で定めるものをいう。

〔中略〕）を乗じて得た金額
二～四　〔省略〕
２～５　〔省略〕

しかし、当該生存給付金については、被保険者に生存給付金支払期間の途中で保険事故が発生した場合には、未払の生存給付金については支払われず死亡保険金としてその受取人に支払われることから、定期金の支払額が確定しているとはいえないと考えられます。

また、生存給付金の受取人は、契約者の意向でいつでも変更することができることからも、契約時の生存給付金の受取人が受け取ることができる給付金の額を確定することは困難であることから、この生存給付金が定期金として課税されることはないと考えられます。

4 生命保険金の受取人を変更する 短　期

（１） 孫が受取人である場合

相続人ではない孫を生命保険金の受取人に指定している場合には、相続人ではない孫が受け取る生命保険金は相続税の非課税規定の適用を受けることができません。また、配偶者及び一親等の血族（代襲相続人となった孫（直系卑属）を含みます。）ではないことから相続税額の２割加算の対象者となります。さらに、孫が相続又は遺贈により財産を取得したこととなるため、その被相続人から相続開始前３年（令和６年１月１日以後の贈与から７年）以内に贈与を受けていた場合には、生前贈与加算の対象にもなります。

そのため、遺贈を受けた孫の相続税が２割加算となるだけでなく、生前贈与加算が行われることになると、他の共同相続人の相続税も高くなります。

【設　例】

1.　被相続人　父（令和６年３月死亡）
2.　相続人　母・長男（長男には子Ａがいる。）・長女
3.　生前贈与
　　父は、以下のような贈与を行っていた。

（単位：万円）

受贈者	令和３年12月		令和４年10月		令和５年３月	
	贈与金額	贈与税	贈与金額	贈与税	贈与金額	贈与税
長男	300	19	300	19	300	19
長女	300	19	300	19	300	19
長男の子Ａ	300	19	300	19	300	19

(注)結婚・子育て資金の贈与。なお、被相続人（父）が死亡時の管理残額は600万円であった。

4．父の相続財産（生前贈与財産を除く。）と遺産分割

① 不動産　5,000万円（長男が遺産分割により相続）
② 現預金　10,000万円（母が遺産分割により相続）
③ 上場株式　5,000万円（長女が遺産分割により相続）
④ 生命保険金　1,000万円（長男の子Ａが受取人）

5．相続税の計算　（単位：万円）

	母	長男	長女	長男の子Ａ
不動産	—	5,000	—	—
現預金	10,000	—	—	—
上場株式	—	—	5,000	—
生命保険金	—	—	—	(注１) 1,000
生前贈与加算	—	900	900	900
課税価格	10,000	5,900	5,900	1,900
相続税の総額	3,624			
各人の算出税額	1,529	902	902	291
相続税額の２割加算	—	—	—	(注２) 58
配偶者の税額軽減	△1,529	—	—	—
贈与税額控除		△57	△57	△57
納付税額	0	845	845	292
合計税額	1,982			

(注１)長男の子Ａは相続人ではないことから、生命保険金の非課税規定の適用を受けることができない。

（注２）長男の子Aは、配偶者及び一親等の血族ではないため相続税額の２割加算の対象者となる。

【参　考】保険金受取人が長男の場合

＜相続税の計算＞　（単位：万円）

	母	長男	長女
不動産	―	5,000	―
現預金	10,000	―	―
上場株式	―	―	5,000
生命保険金	―	1,000	―
同上非課税金額	―	△1,000	―
生前贈与加算	―	900	900
課税価格	10,000	5,900	5,900
相続税の総額	3,150		
各人の算出税額	1,446	852	852
配偶者の税額軽減	△1,446	―	―
贈与税額控除	―	△57	△57
納付税額	0	795	795
合計税額	1,590		

なお、相続人でない孫が生命保険契約の契約者である（以下のケース２）場合には、その生命保険契約に関する権利は、保険契約者の孫が「みなし遺贈」によって取得したものとされることから、孫が死亡保険金の受取人であったときと同様に、相続税の課税上の不利益を被る可能性もあります。

	ケース１	ケース２
保険契約者	祖父	孫
保険料負担者	祖父	祖父

被保険者	子	孫
財産の区分	本来の財産	みなし相続財産
手続	遺産分割協議によって相続する	孫が遺贈によって取得したものとみなされる

（２）　配偶者が受取人である場合

生命保険の受取人が配偶者となっている場合、法定相続人一人当たり500万円の非課税財産として受け取ることとなると、第二次相続のときの相続税負担が重くなります。そこで、受取人を配偶者から子へ変更しておくようにします。

【設　例】

1.　被相続人　父（令和６年３月死亡）
2.　相続財産　４億円（この他、Ａ生命保険金1,000万円がある。）
3.　相続人　母（令和６年６月死亡・母固有の財産は１億円）・子
4.　Ａ生命保険金の受取人
　・ケース１　母
　・ケース２　子
5.　相続税の計算（父の相続：法定相続分どおり相続する。）

（単位：万円）

	ケース１		ケース２	
	母	子	母	子
相続財産	20,000	20,000	20,000	20,000
生命保険金	1,000	－	－	1,000
同上非課税金額	△1,000	－	－	△1,000
課税価格	20,000	20,000	20,000	20,000

相続税の総額	10,920		10,920	
各人の算出税額	5,460	5,460	5,460	5,460
配偶者の税額軽減額	△5,460	−	△5,460	−
納付税額	0	5,460	0	5,460

6. 相続税の計算（母の相続：法定相続分どおり相続する。）

（単位：万円）

	ケース1	ケース2
	子	子
相続財産	31,000	30,000
相続税額	9,630	9,180

第一次相続の相続税は変わらないものの、第二次相続では、ケース１は450万円相続税が重くなります。

（3） 遺言書による生命保険金の受取人変更

民法では、遺言事項は法定事項であり、保険金受取人の変更は、民法上遺言事項として明記されていません。

しかし、保険法は、高齢化社会においては遺言の重要性が増すこと及び生命保険がより有効に機能する必要性があることに鑑み、保険契約者の意思を尊重し保険契約者の多様なニーズに応えることができるようにするという趣旨から、遺言による保険金受取人の変更を認める規律を新設しました（保険44）。なお、この規定については、保険法の施行日（平成22年４月１日）以後に締結された保険契約について適用するとされています（保険附則２）。

また、この規定は、任意規定とされ、保険会社は保険約款において、保険金受取人を一定の者の範囲に限定することができます。また、遺言によって保険金受取人を変更することはできないとする約定も有効です。

しかし、多くの保険会社では、約款などで特段の規定を設けていませんので、例えば遺言で内縁の妻を死亡保険金の受取人に変更することができます。

保険法では、①保険契約者は保険金受取人を変更することができること、②保険金受取人の変更の意思表示の相手方は保険会社であること、③遺言による保険金受取人の変更も可能であること等を規定しています。

① 保険金受取人の変更

保険契約者は、支払事由が発生するまでは、保険会社に対する意思表示をすることによって、保険金受取人を変更することができます。

保険金受取人を変更する意思表示は、その通知が保険会社に到達したときは、その通知を発した時に遡ってその効力を生じます。ただし、意思表示が保険会社に到達する前に、保険会社が変更前の保険金受取人に保険金を支払った場合には、その保険金の支払は有効です（保険43）。

② 遺言による保険金受取人の変更

保険金受取人の変更は、遺言によってもすることができます。

遺言による保険金受取人の変更は、保険契約者が死亡した後に、保険契約者の相続人が保険会社に通知しなければ、保険金受取人の変更があったことを保険会社に対して主張することはできません（保険44）。

③ 保険金受取人の変更についての被保険者の同意

死亡保険契約について保険金受取人を変更する場合には、被保険者の同意が必要となります（保険45）。

保険金受取人を変更する遺言を作成する場合、以下のような問題が生じることが予想されます。

① 遺言者である保険契約者が亡くなった後、遺言による保険金受取人の変更手続をする前に、当初の契約上の保険金受取人が保険会社に保険金の請求を行った場合、保険会社は当初の契約上の保険金受取人に保険金を支払います。

その支払後に、遺言による保険金受取人の変更手続の申出があっても、保険会社は再度の支払はしてくれません（当初の保険金受取人と、遺言で指定された保険金受取人との間での問題となります。）。

② 遺言で変更されたことを知らなかった当初の保険金受取人をはじめとして、相続人の間で遺言執行や遺産分割の手続の中で感情的なしこりが生じてしまう可能性が非常に高いと考えられます。

以上のことから、保険金受取人については、生前に変更手続をしておくことが無難な選択と思われます。しかし、例えば、保険契約時又は契約後に内縁の妻を保険金の受取人にしようと思っても、保険会社の承諾を得られない場合が想定されます。

そこで、内縁の妻を保険金受取人とする方法として、まず、保険契約者と被保険者を内縁の夫、保険金受取人を保険契約者（内縁の夫）の二親等の血族とする保険契約を締結します。そして、その保険金受取人を内縁の妻へ遺言で変更するようにします。この方法によれば、保険契約者＝被保険者であることから、保険金受取人変更に当たり被保険者の同意（保険38・45）は不要で、死亡保険金受取人を内縁の妻や、通常は死亡保険金受取人になれない公益法人などとすることもできます。そうすれば、自身のお金を死亡後に、内縁の妻の老後生活資金や公益の役に立てたいと願う場合にも応用することができます。

なお、遺言による保険金受取人の変更は、その遺言が効力を生じた後、保険契約者の相続人がその旨を保険会社に通知しなければ、これをもって保険会社に対抗することができない（保険44②）としています。

保険契約者の相続人が複数いる場合でも、保険会社への通知は、相続人全員でする必要はなく、相続人の１人がすればよいとされています。また、遺言書の作成に当たって、遺言執行者を定めておけば、遺言執行者は相続人の代理人とみなされることから、保険会社に保険金受取人の変更を遺言執行者が通知するよう遺言書に明記しておけばよいでしょう。

【保険法】
（遺言による保険金受取人の変更）
第44条　保険金受取人の変更は、遺言によっても、することができる。
２　遺言による保険金受取人の変更は、その遺言が効力を生じた後、保険契約者の相続人がその旨を保険者に通知しなければ、これをもって保険者に対抗することができない。

2　退職手当金等

対策メニュー	
長　期	生前退職金によって自社株評価額を引き下げる ⇒ 1
短　期	役員退職金規程を整備し、受給権者として配偶者以外の相続人に支給できるようにする ⇒ 2
相続後	死亡退職金を支給し、自社株（純資産価額）の引下げと相続税の非課税制度を活用する ⇒ 3
相続後	死亡退職金の支給についてみなし相続財産か一時所得のいずれが有利か検討する ⇒ 4

Point

生前退職金は、通常、その支払を受けるときに所得税及び復興特別所得税や住民税が源泉徴収又は特別徴収されます。この退職金は、長年の勤労に対する報償的給与として一時に支払われるものであることなどから、退職所得控除を設けたり、他の所得と分離して課税されるなど、税負担が軽くなるよう配慮されています。

一方、被相続人の死亡によって、死亡後3年以内に支払が確定した退職金が、相続人などに支払われた場合には、その退職金は相続税の課税対象となり、所得税及び復興特別所得税の課税対象にはなりません。

相続人が取得した退職金のうち相続税の課税対象となる金額は、「500万円 × 法定相続人の数」を超えた部分です。

会社オーナーの相続対策では、生前退職金の支給によって1株当たりの利益金額が減少することに伴う株価の引下げ効果が期待されます。死亡退職金は、一定額の非課税金額が設けられていて相続税の納税資金にも役立ちます。

そのため、役員退職金の支給を考慮した場合、役員退職金支給の原資の確保や、役員退職金規程を整備しておくなどの対応も必要です。

解　説

役員退職金について、会社法、法人税法及び相続税法の規定は、以下のとおりです。

（１）　会社法の規定

役員の退職金の支払は、法的な義務ではありません。労働基準法89条では、就業規則を作成する場合に、会社が退職手当の定めをする場合において、一定の事項を定めるように規定しているだけです。

役員退職金規程が定められていてはじめて、役員退職金を請求する権利が発生するのであり、当然もらえるわけではありません。そのため、役員退職金規程の整備が欠かせません。また、会社法361条で、役員の退職金について「取締役の報酬、賞与その他の職務執行の対価として株式会社から受ける財産上の利益…〔中略〕…は、定款に当該事項を定めていないときは、株主総会の決議によって定める。」とされていることから、株主総会の決議が得られなければ、役員には具体的な退職金請求権が発生しないと考えられています。

そのため、死亡退職金を支給するためには定款の定め又は株主総会の決議が必要となりますが、定款で退職慰労金を定めていることはまれであり、通常は株主総会の決議によって定めることになります。

株主総会で、退職慰労金の具体的金額が明示されている場合には、株主としては、退職取締役に対する功労、会社の業績への影響等を考えあわせて、その金額がお手盛りであるか否かを判断できるから、手続には瑕疵がないとする判決があります（京都地判平元・８・25判時1337・133)。

また、具体的な金額を開示せず、その決定を取締役会に委任する方法が一般に行われています。この場合、無条件に取締役会に決定を委任するのではなく、会社の正式な規程（役員退職金規程）という明文で定められているのが望ましいといえますが、必ずしも正式な規程である必要はなく、退職金の算定に関し内規及びその運用についての慣例があり、かつ、株主がこれらを知ることができる状況にあった場合には、無効とはいえないと解されます（最判昭58・２・22判時1076・140)。

【会社法】
（取締役の報酬等）
第361条　取締役の報酬、賞与その他の職務執行の対価として株式会社から受ける財産上の利益（以下この章において「報酬等」という。）についての次に掲げる事項は、定款に当該事項を定めていないときは、株主総会の決議によって定める。
一　報酬等のうち額が確定しているものについては、その額
二　報酬等のうち額が確定していないものについては、その具体的な算定方法
三　報酬等のうち当該株式会社の募集株式（第199条第１項に規定する募集株式をいう。以下この項及び第409条第３項において同じ。）については、当該募集株式の数（種類株式発行会社にあっては、募集株式の種類及び種類ごとの数）の上限その他法務省令で定める事項
四　報酬等のうち当該株式会社の募集新株予約権（第238条第１項に規定する募集新株予約権をいう。以下この項及び第409条第３項において同じ。）については、当該募集新株予約権の数の上限その他法務省令で定める事項
五　報酬等のうち次のイ又はロに掲げるものと引換えにする払込み

> に充てるための金銭については、当該イ又はロに定める事項
> 　イ　当該株式会社の募集株式　取締役が引き受ける当該募集株式の数（種類株式発行会社にあっては、募集株式の種類及び種類ごとの数）の上限その他法務省令で定める事項
> 　ロ　当該株式会社の募集新株予約権　取締役が引き受ける当該募集新株予約権の数の上限その他法務省令で定める事項
> 六　報酬等のうち金銭でないもの（当該株式会社の募集株式及び募集新株予約権を除く。）については、その具体的な内容
> 2～7　〔省略〕

（2）　法人税法の規定

役員退職金の支給額については、株主総会において決議された金額であれば上限はありません。しかし、法人税法上は、役員に対して支給する給与の額のうち不相当に高額な部分の金額として政令で定める金額は、その内国法人の各事業年度の所得の金額の計算上、損金の額に算入しない（法税34②）としています。退職金の損金算入時期は、原則として、株主総会の決議等によって退職金の額が具体的に確定した日の属する事業年度となります（法税34、法税令70、法基通9－2－28）。

不相当に高額とは、退職した役員に対して支給した退職給与の額が、当該役員のその内国法人の業務に従事した期間、その退職の事情、その内国法人と同種の事業を営む法人でその事業規模が類似するものの役員に対する退職給与の支給の状況等に照らし、その退職した役員に対する退職給与として相当であると認められる金額を超える場合におけるその超える部分の金額をいう（法税令70）としています。

具体的には、法人税法上、役員退職給与の相当額の算定は、一般妥当なものであると解されている「功績倍率方式」によることが合理的と考えられます。

功績倍率方式は、「最終報酬月額×勤続年数×平均功績倍率」で算定します。

その場合の最終報酬月額は、一般に役員としての在任期間中における最高水準を示すとともに、法人に対する功績を最もよく反映するものであると考えられることから、最終報酬月額を採用しています。

（３）　相続税法の規定

相続税法では、被相続人の死亡によって、被相続人に支給されるべきであった退職手当金等を受け取る場合で、被相続人の死亡後３年以内に支給が確定したものは、相続財産とみなされて相続税の課税対象となります（相税３①二）。

退職手当金等の判定（相基通３－19）では、被相続人の死亡により相続人等が受ける金品が退職手当金等に該当するかどうかは、退職金規程の定めに基づいて受ける場合をいい、退職手当金等の支給を受けた者（相基通３－25）とは、退職金規程の定めによりその支給を受けることとなる者をいうとしています。

しかし、相続人が受け取った退職手当金等はその全額が相続税の対象となるわけではありません。全ての相続人（相続を放棄した人や相続権を失った人は含まれません。）が取得した退職手当金等を合計した額が、非課税限度額以下のときは課税されません。

非課税限度額は次の式により計算した額です（相税12①六）。

500万円　×　法定相続人の数　＝　非課税限度額

なお、被相続人の死亡によって受ける弔慰金や花輪代、葬祭料などについては、通常相続税の対象になることはありません。弔慰金等に相当する金額は、①被相続人の死亡が業務上の死亡であるときは、被相続人の死亡当時の普通給与の３年分に相当する額、②被相続人の死亡が業務上の死亡でないときは、被相続人の死亡当時の普通給与の半年分に相当する額とされています（相基通３－18～３－20）。

対策メニュー

1　生前退職金によって自社株評価額を引き下げる　長　期

自社株対策では、１株当たりの利益金額を引き下げることで株価引下げ効果が期待されます。１株当たりの利益金額を下げるためには、①所有資産のうち、含み損を有している資産については売却するなどによって損失を実現させる、②生命保険などの課税の繰延べ商品を活用して１株当たりの利益金額を小さくする、③役員退職金を支給するなどの対策が効果的です。

【設　例】

甲株式会社の概要は以下のとおりです。

1.　会社区分は、中会社の「大」

2.　類似業種比準価額は3,600円、純資産価額は9,500円。

＊類似業種比準価額の計算

①　類似業種の株価　150円

②　１株当たりの年配当金額　甲社　０円、類似業種　２円

③　１株当たりの年利益金額　甲社　800円、類似業種　10円

④　１株当たりの純資産価額　甲社　8,000円、類似業種　200円

⑤　１株当たりの比準価額

150円 ×（０円 ÷ ２円 ＋ 800円 ÷ 10円 ＋ 8,000円 ÷ 200円）÷ ３ × 0.6 ＝ 3,600円

3.　１株当たりの価額の計算　3,600円 × 0.9 ＋ 9,500円 ×（１ － 0.9）＝ 4,190円

4.　仮に役員退職金などの支給により当期の所得金額が０円である場合

＊１株当たりの比準価額

150円 ×（０円 ÷ ２円 ＋ ０円 ÷ 10円 ＋ 8,000円 ÷ 200円）÷ ３ × 0.6 ＝ 1,199円

1株当たりの価額の計算　1,199円 × 0.9 + 9,500円 ×（1 − 0.9）= 2,029円

この会社の場合、１株当たりの年利益金額が類似業種の会社の年利益金額に比べてかなり高いことから、類似業種比準価額も高く算出されています。

そこで、役員退職金などの支給によって当期の所得金額が０円となったタイミングにおいては、その株価は２分の１程度に大幅に下落します。事業承継を考える場合に、みなし退職による生前退職金の支給が株価の引下げにつながります。

２　役員退職金規程を整備し、受給権者として配偶者以外の相続人に支給できるようにする 短　期

退職金規程を整備し、死亡退職金の算定基準や受給対象者の順位を定めておくようにします。この場合、配偶者を受給者の第一順位にするのではなく、相続人のうち会社の役員などになっている者を第一順位の受給者としておくような工夫が大切です。

配偶者が死亡退職金の受給者か否かについて、設例で相続税の負担の差異を確認します。

【設　例】

1.　被相続人　父（令和６年３月死亡：Ａ社代表取締役）
2.　相続人　母・長男（Ａ社代表取締役）
3.　父の遺産の額　３億円（死亡退職金を除く。）
4.　死亡退職金　１億円（別途適正な額の弔慰金の支払あり。）
5.　遺産分割と死亡退職金の受給者
　死亡退職金を含む４億円を１/２ずつ相続し、
　①　死亡退職金は母が取得する。
　②　死亡退職金は長男が取得する。
6.　母（令和６年12月死亡）の固有の財産　5,000万円
7.　相続税の計算　（単位：万円）

	死亡退職金を母が取得			死亡退職金を長男が取得		
	父の相続		母の相続	父の相続		母の相続
	母	長男	長男	母	長男	長男
父の遺産（※１）	10,000	20,000	10,000	20,000	10,000	19,865
死亡退職金	10,000	－	10,000	－	10,000	－
同上非課税金額	△1,000	－	－	－	△1,000	－

母の遺産	—	—	5,000	—	—	5,000
課税価格	19,000	20,000	25,000	20,000	19,000	24,865
相続税の総額	10,520		6,930	10,520		6,869
各人の算出税額	5,125	5,395	6,930	5,395	5,125	6,869
配偶者の税額軽減	△5,125	—		△5,260	—	—
相次相続控除（※２）	—	—	—	—	—	△135
納付税額	0	5,395	6,930	135	5,125	6,734
通算相続税額	12,325			11,994		

(※１)死亡退職金を長男が受給した場合に、母が父から相続した財産の額は、２億円 － 135万円（相続税）＝ 19,865万円となります。

(※２)死亡退職金を長男が受給した場合に、母が父の相続で納付した相続税額は全額母の相続から相次相続控除として控除されます。

上記の設例の場合、配偶者が死亡退職金を受給しない方が、通算相続税額は331万円軽減されることになります。

３　死亡退職金を支給し、自社株（純資産価額）の引下げと相続税の非課税制度を活用する　相続後

相続対策は生前に時間をかけて行うことが理想ですが、対策の必要性を認識しながら結果として何もできないまま相続を迎えることも決して珍しいことではありません。

しかし、共同相続人に配偶者がいる場合には、遺産分割を工夫すれば、相続発生後でも第一次相続と第二次相続（配偶者の相続）の通算相続税を軽減することができます。

例えば、配偶者が相続する財産は、相続後に相続した財産の相続税評価額が下がる財産や、消費される財産を相続すれば第二次相続の相続税は軽減されます。高収益な会社のオーナー経営者に相続が発生すると、多額の死亡退職金を支払うことが多く、その退職金を支払った事業年度の最終損益は赤字になることも少なくありません。特に会社規模区分が「大会社」である場合の自社株の相続税評価額は、１株当たりの利益金額に大きく左右されますので、死亡退職金の支払などによって相続した後において自社株は相当額値下がりすることとなります。そのような場合には、配偶者がその株式等を相続し、相続税評価額が下がってから、後継者へ贈与又は譲渡するなどの方法によって移転するようにします。

そのことによって、第二次相続の相続税は大きく軽減されます。そのことを、以下の設例で検証してみます。

【設　例】

1.　被相続人　父（甲社の代表取締役：令和６年３月10日死亡）

2.　相続人　母・長男・長女

３．相続財産 10億円（甲社株式４億円・その他の財産６億円）＋死亡退職金

４．遺産分割

（１） 全ての財産を法定相続分によって相続する。

（２） 母は甲社株式とその他の財産１億円を、長男と長女はその他の財産をそれぞれ2.5億円ずつ相続する。

５．甲社（３月末決算）の概要

（１） 資本金 1,000万円（発行済株式数20万株）

（２） 株主 父120,000株、長男40,000株、その他40,000株

（３） 会社規模区分 大会社

（４） 純資産価額 10,000円/株

（５） 類似業種比準価額

① 類似業種株価 250円

② 年配当金額 甲社10円、類似会社５円

③ 年利益金額 甲社1,000円、類似会社20円

④ 純資産価額 甲社6,000円、類似会社300円

250円 ×（10円 ÷ ５円 ＋ 1,000円 ÷ 20円 ＋ 6,000円 ÷ 300円）÷ ３ × 0.7 ＝ 4,200円/株

（６） 甲社は、令和６年３月29日に父の死亡退職金２億円（損金算入限度額内）を長男へ支給した。

６．母固有の財産 １億円

７．第二次相続

① 母の相続は、令和７年３月１日に開始するものと仮定。

② 法定相続分どおり相続する。

８．第二次相続における甲社株式の相続税評価額

株価及び比準要素の金額に変動はないものと仮定し、甲社の利益金額も退職金の支払がない場合には同額（２億円）と仮定。

250円 ×（10円 ÷ ５円 ＋ ０円 ÷ 20円 ＋ 6,000円 ÷ 300円）÷ ３ × 0.7 ＝ 1,282円/株

※甲社の１株当たりの利益金額 1,000円 × 20万株 － ２億円 ＝ ０円

＜第一次（父）相続の相続税（遺産の総額が10億円の場合）＞

（単位：万円）

	全ての財産を法定相続分で相続			法定相続分で相続（母が甲社株式を相続）		
	母	長男	長女	母	長男	長女
甲社株式	25,200	12,600	12,600	50,400	—	—
その他の財産	30,000	15,000	15,000	10,000	25,000	25,000
退職手当金	—	20,000	—	—	20,000	—
非課税金額	—	△1,500	—	—	△1,500	—
課税価格	55,200	46,100	27,600	60,400	43,500	25,000
基礎控除	△4,800			△4,800		
課税遺産総額	124,100			124,100		
相続税の総額	49,552			49,552		
各人の算出税額	21,220	17,722	10,610	23,219	16,722	9,611
配偶者の税額軽減	△21,220	—	—	△23,219	—	—
納付税額	0	17,722	10,610	0	16,722	9,611
合　計	28,332			26,333		

＜第二次（母）相続の相続税＞　（単位：万円）

	第一次相続で法定相続分どおり相続（全ての財産を１/２ずつ）		第一次相続で法定相続分どおり相続（母が甲社株式を相続）	
	長男	長女	長男	長女
甲社株式	3,846	3,846	7,692	7,692
その他の財産	15,000	15,000	5,000	5,000

固有の財産	5,000	5,000	5,000	5,000
課税価格	23,846	23,846	17,692	17,692
基礎控除	4,200		4,200	
課税遺産総額	43,492		31,184	
相続税の総額	14,171		9,074	
各人の算出税額	7,086	7,086	4,537	4,537
納付税額	7,086	7,086	4,537	4,537
合　計	14,171		9,074	
第一次・第二次通算相続税	42,503		35,407	

以上のことから、第一次相続で、母が甲社株式を全て相続すれば、第二次相続開始のときには、甲社株式の相続税評価額が大きく値下がりしているので、全ての財産を法定相続分どおり相続する場合と比べて、通算相続税は7,096万円軽減されます。

なお、第二次相続の開始が、令和７年４月１日以後になる場合には、甲社株式の相続税評価額が低い令和７年３月31日以前に、長男や長女に対して相続時精算課税によって甲社株式を贈与しておけば、甲社株式の相続税評価額を低い価額に固定することができます。

被相続人の死亡により相続人等が受ける弔慰金等については、被相続人の死亡が業務上の死亡であるときは、死亡当時における賞与以外の普通給与の３年分、被相続人の死亡が業務上の死亡でないときは、被相続人の死亡当時における賞与以外の普通給与の半年分に相当する金額は退職手当金等に含まれないとされ、相続税の対象とはなりません（相基通３−20）。

なお、１株当たりの純資産価額（相続税評価額によって計算した金額）の計算に当たって、被相続人の死亡に伴い評価会社が相続人に対して支払った弔慰金は、相続又は遺贈により取得したものとみなされ退職手当金等に該当するものとして相続税の課税価格に算入されることとなる金額に限り、株式の評価上、負債に該当するものとして純資産価額の計算上控除することになります（国税庁　質疑応答事例／財産評価／評価会社が支払った弔慰金の取扱い）。

４ 死亡退職金の支給についてみなし相続財産か一時所得のいずれが有利か検討する 相続後

被相続人の死亡後３年以内に支給が確定した死亡退職金は、みなし相続財産として相続税が課されます。この場合、相続人が受け取った死亡退職金は一定の非課税金額の適用を受けることができます。

一方、被相続人の死亡後３年を経過して死亡退職金の支給額が確定した場合には、遺族に対する一時所得として課税されることになります。

法人税は退職金の支給額が確定した事業年度の損金の額に算入されることになります。

被相続人が所有する株式の相続税評価額は、評価対象会社が「大会社」以外の会社規模区分に該当する場合には、純資産価額の計算において死亡退職金が債務に計上されることから株価が低く評価されることがあります。

共同相続人間での争いがなく、かつ、株主及びその会社の役員が相続人で占められている場合などでは、以上のことを総合的に勘案して、死亡退職金の支給額の確定時期を決めることが肝要です。

【設　例】

1.　被相続人　父（令和６年３月死亡）

2.　相続人　長男・長女

3.　遺産の総額と遺産分割

　①　５億円（法定相続分の割合で相続する。）

　②　10億円（法定相続分の割合で相続する。）

4.　死亡退職金　１億円。以下の①又は②のように決議された。

　①　令和６年６月に株主総会及び取締役会において、父の退職金を長男及び長女にそれぞれ5,000万円支給する。

　②　令和６年６月に株主総会において、父の退職金について長男及

び長女に支給する旨の決議が行われたが、支給額は取締役会一任とされた。令和９年４月に取締役会において、長男及び長女にそれぞれ5,000万円支給する。

5.　その他

①　Ａ社の会社規模区分は「大会社」に該当し、純資産価額は類似業種比準価額を上回るものとする。

②　長男及び長女の令和９年分の所得税の課税所得金額は1,000万円と仮定する。

6.　相続税等の計算　（単位：万円）

	退職金がみなし相続財産である場合				退職金が遺族の一時所得である場合			
	遺産の額５億円		遺産の額10億円		遺産の額５億円		遺産の額10億円	
	長男	長女	長男	長女	長男	長女	長男	長女
相続財産	25,000	25,000	50,000	50,000	25,000	25,000	50,000	50,000
死亡退職金	5,000	5,000	5,000	5,000	—	—	—	—
非課税金額	△500	△500	△500	△500	—	—	—	—
課税価格	29,500	29,500	54,500	54,500	25,000	25,000	50,000	50,000
相続税の総額	19,260		44,000		15,210		39,500	
各人の税額	9,630	9,630	22,000	22,000	7,605	7,605	19,750	19,750
所得税等(※)	—	—	—	—	1,201	1,201	1,201	1,201
合計税額	19,260		44,000		17,612		41,902	

(※)①　課税所得金額1,000万円の場合の所得税約176万円、住民税100万円

②　課税所得金額3,475万円（一時所得の金額(5,000万円 － 50万円)×1／2に令和９年分の所得金額1,000万円を加算した課税所得金額）の場合の所得税約1,134万円（復興特別所得税を含む。）、住民税約343万円

③　② － ① ＝ 1,201万円

以上の設例によると、退職金が遺族の一時所得である方が有利となります。

3　同族法人への貸付金

対策メニュー	
長　期	同族会社の貸付金を子や孫へ贈与する ⇒ 1
短　期	回収困難な貸付金は債務免除する ⇒ 2
短　期	DES又は疑似DESを実行する ⇒ 3
相続後	配偶者が相続する ⇒ 4

Point

多くの事例では、原則として同族法人への貸付金は回収が困難であっても、被相続人が残した同族法人の貸付金は相続人にとっては名目上の財産にすぎないにも関わらず相続税が課されます。

そのため、生前に債権放棄又は資本金への組入れなどの対策を実行しておくことが肝要です。

解　説

同族会社への貸付金は、回収が困難と思われる場合でも、その債権は原則として額面によって評価され相続税が課されます。

貸付債権が回収不能であるか否かについての主な裁決事例は、以下のとおりです。

【貸付債権の価額は零と認められなかった裁決例】

①　①同社は金融機関に対する借入金の返済について履行遅滞となった事実も強制執行等の手続を受けた事実もないこと、②同社は債務超過が継続しているとは認められるものの、相続開始後も破たんす

ることなく現実に営業を継続をしていること、③メインバンクは貸付金の返済条件の変更を認めているものの、その他に保証債務の履行を求めることもなく取引を継続しており、相続開始から約２年後には追加融資も認めていること等から、債務者の資産状況及び営業状況が客観的に破たんしていることが明白であり、債権の回収の見込みがないことが客観的に確実とまで認めることはできない（平18・12・22裁決（東裁（諸）平18−118））。

② 株式の評価額が仮に零円であったとしても、それは相続税の財産評価において会社の株価が算出されないことにすぎず、貸付金債権が回収不能等によって無価値であるということを直接示すものではない（平19・10・24裁決　裁事74・274）。

③ 乙社及び丙社は、資産状況が債務超過で、営業状況が赤字であったとしても、直ちに事業経営が破たんするような状況ではなく、本件相続開始日において事業活動を継続していることからすると、両社の事業経営が客観的に破たんしていることが明白で、本件貸付金の回収の見込みのないことが客観的に確実であるといい得る状況にあったとは認められない（平21・２・25裁決（大裁（諸）平20−52））。

④ 貸付金の回収が不可能又は著しく困難と見込まれるときとは、その事業経営が客観的に破たんしていることが明白であって、債権の回収の見込みのないことが客観的に確実であるといい得るときであると解されるところ、①本件会社は現在まで存続し、出向料収入や不動産の売買による収益があること、②本件会社の借入金債務は、関係会社、本件被相続人及びその親族からの債務が大半であって、返済期限等の定めがないため、直ちに返済を求められる可能性は極めて低く、金融機関等外部からの借入れに比べて有利といえること、③本件会社は、本件相続開始日の直前期において、本件被相続人に対し、借入金の一部の返済をしていることが認められる。そうすると、本件相続開始日において、本件会社の事業経営が破たんしていることが客観的に明白であって、債権の回収の見込みのないことが客観的に確実であるといい得る状況にあったとは認められない（平21・５・12裁決　裁事77・444）。

⑤ 本件貸金債権について、その消滅時効期間が経過していることが「その他その回収が不可能又は著しく困難であると見込まれるとき」に該当すると主張する。しかしながら、本件貸金債権に係る返

還期限は不明であり、本件貸金債権について消滅時効期間が経過しているとは認めるに足りない。仮に、本件貸金債権が改正前の商法第522条《商事消滅時効》に規定する商行為によって生じた債権に当たり、最後に弁済のあった平成20年６月30日から５年が経過したことにより消滅時効期間の経過が認められるとしても、消滅時効の完成による債権消滅の効果は、時効の援用がされたときにはじめて確定的に生じるものと解するのが相当であって、単なる消滅時効期間の経過をもって確定的に生じるものではない。

消滅時効の援用は債務者の意思に委ねられており、単に消滅時効期間が経過しただけでは、消滅時効が援用される可能性があるというにすぎず、消滅時効の完成による債権消滅の確定的効果は生じていない以上、その回収が不可能又は著しく困難であることが客観的に明白であるということもできない。

したがって、貸付金債権等に係る消滅時効期間の経過のみをもって「その他その回収が不可能又は著しく困難であると見込まれるとき」に当たるということはできず、貸付金債権等に係る消滅時効期間の経過を貸付金債権等の評価において考慮することは相当ではないというべきである（令３・12・17裁決（大裁（諸）令３－23））。

⑥　本件法人が相続税の申告期限までに解散、清算しており、それを相続時の事情として社長が会社に貸し付けている貸付金債権は回収不能と認めるのが実務であるとし、本件貸付金の一部については「その回収が不可能又は著しく困難であると見込まれるとき」に該当するものと認めるべき旨を主張する。しかしながら、請求人が主張するような上記実務も、相続税の申告期限における事実をもって財産の取得の時における事情とする旨の国税当局の見解も存在しない。請求人の上記主張は、財産の取得の時における時価による旨を定める相続税法第22条の規定に明らかに反するものであって、上記の判断を覆すものとはいえず、また、上記のような実務及び公的見解が存在しない以上、当該判断をもって不当というにも当たらない（令３・11・１裁決（東裁（諸）令３－30））。

【貸付債権の価額は零と認められた裁決例】

①　債務者の財産状況を調査したところ、著しい債務超過の状況にあり、900万円程度の経常的収入があるものの、全額を本件貸付金の返済に充てたとしても返済完了までに100年に近い期間を要し、また、

債務者の不動産には被相続人が仮登記を設定しているが、当該不動産には根抵当権が設定されており、その被担保債権の額が不動産の時価を大幅に上回っていることから、不動産が換価処分されても配当が見込まれない。したがって、財産評価基本通達204及び205の定めに基づき本件貸付金の価額は零円とするのが相当である（平19・6・29裁決（大裁（諸）平18−96））。

② 債務者について破産、民事再生、会社更生又は強制執行等の手続が開始していなくても、事業の閉鎖、代表者の行方不明等により、債務超過の状態が相当期間継続していて他からの融資を受ける見込みもなく、再起のめどが立たない場合には、営業状況、資産状況等が破綻していることが客観的に明白であって、債権の回収の見込みのないことが客観的に確実であるときは、財産評価基本通達205に定める「その回収が不可能又は著しく困難であると見込まれるとき」に当たると解される（平25・9・24裁決　裁事92・368）。

（下線は筆者）

（1） 債権放棄

生前に回収が困難と思われる債権について、債権放棄を行う選択が考えられます。債権放棄は債権者の一方的な意思表示で効力が生じますが、税務申告等対外的な証拠を残すためにも、内容証明郵便を使うことが大切です。

債権放棄を受けた法人は、債務免除益については原則としてその法人の益金に算入されます。

しかし、法人に税務上の繰越欠損金が残っていれば、繰越欠損金の範囲内であれば債務免除益に対して法人税が課税されず、相続財産である「貸付金」も減少させる効果があります。

債権放棄を行うと既存株主へのみなし贈与が発生する可能性もありますので、事前に検証が欠かせません。

（2）　DES又は疑似DESを実行する

個人による同族会社への貸付金について、回収が困難と思われる場合の法人の多くは債務超過であることが珍しくありません。

貸付金（会社からみれば借入金）を資本金に組み換える方法として、DES（デットエクイティスワップ）を実行すると、借入金が資本金に振り替えられます。

なお、現物出資を行う場合には、原則として検査役の調査が必要ですが、出資をしようとする者が増資をしようとする会社に対して金銭を貸し付けている（金銭債権がある）場合に、その金銭債権に弁済期（返済日）が到来しているものであって、金銭債権について募集事項で決められた金額が金銭債権に係る負債の帳簿価額を超えないときは、検査役の調査は不要とされています。

＜デット・エクイティ・スワップの仕組み＞

債権者が株主になることで、純資産が増え財務体質が改善する

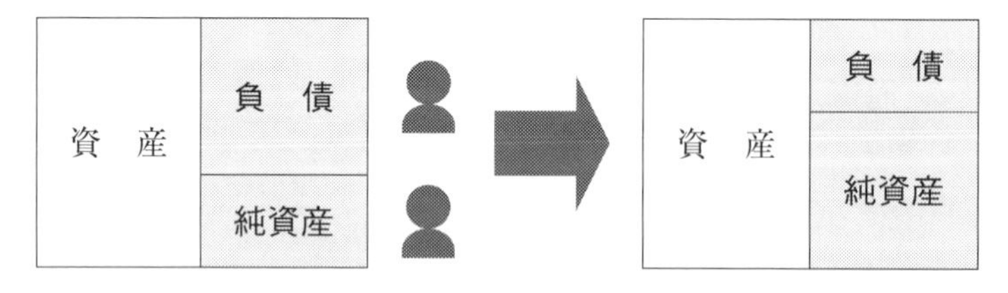

しかし、債務超過の会社の場合、DESによると、資本金等の増加と判定されずに「債務免除益」として法人税課税を受けることがあります。

一方、疑似DESの場合には、払い込まれた金銭の額は「資本金等の額」と判定されると考えられます。

そのため、想定外の課税が生じないよう、いずれの方法によって貸付金を資本金へ組み換えるか、細心の注意を払って実行することが肝要です。

対策メニュー

1　同族会社の貸付金を子や孫へ贈与する　長　期

相続対策で、子や孫へ暦年贈与を繰り返して実行して相続税の負担を軽減することが多く行われています。

贈与後の財産は、受贈者が自由に管理・処分ができる状況下におかなければ税務上贈与が否認されるリスクが考えられます。

しかし、贈与者からすると受贈者が自由に管理・処分できるとなると、金銭を贈与した場合には、受贈者が金銭感覚を失うことにならないか心配です。

そこで、受贈者の無駄遣いを防止するために、金銭の贈与は止めて同族会社の貸付金を子や孫へ贈与する工夫が求められます。同族会社への貸付金の贈与であれば、子や孫から同族会社へ貸付金の弁済の請求があった場合には、使途を確認する機会が得られます。そのことで、受贈者の無駄遣いを防止・監視することが可能となります。

また、法人は毎年決算・申告を行っていて、貸付金（会社からみれば借入金）の科目内訳が決算書に記載されることから、税務上贈与の有無について否認されるリスクは少ないと思われます。

2　回収困難な貸付金は債務免除する　短　期

同族会社への貸付金の回収が困難と思われる場合でも、回収が不可能又は著しく困難であることが立証できないと相続財産として課税されます。

そこで、その貸付金については、債権放棄や自社株への組換えなどの対策を実行しておく必要があります。

生前に債権放棄を実行した場合の課税関係は以下の設例のようになります。

【設　例】

1.　A社の概要

①　資本金　1,000万円（発行済株式数　20万株）

②　株主　父　12万株、長男（40歳）８万株

③　利益等の状況　法人税法上の繰越欠損金１億円

④　純資産価額

資産の合計額　5,000万円

債務の合計額　9,000万円（うち、父からの借入金8,000万円）

⑤　父からの債権放棄　6,000万円

⑥　類似業種比準価額

父からの債権放棄があった場合でも、類似業種比準価額は純資産価額を上回るものと仮定します。

⑦　債権放棄があった後の株価

5,000万円 －（9,000万円 － 6,000万円）＝ 2,000万円　⇒　100円/株

2.　課税関係

（1）　法人税

債権放棄を受けた法人は、6,000万円が益金となりますが、繰越欠損金が１億円あるため法人税は課されません。

（２）　贈与税

父が債権放棄したことで、Ａ社株式の価値が増加したため、長男に贈与税が課されます。

100円 × ８万株 ＝ 800万円 ⇒ 贈与税 117万円

この場合、父が債権放棄したことによって、同族株主である長男の株式の価値が増加したため、長男に贈与税が課されます。しかし、父の財産が6,000万円減少したことによる相続税の軽減効果はもっと大きなものであると推測されます。

3 DES又は疑似DESを実行する 短　期

回収困難な貸付金などの処理について、DES又は疑似DESを検討します。

（1） DES（デットエクイティスワップ）

資本金等の増減について定めた法人税法施行令8条1項1号では、「給付を受けた金銭以外の資産の価額からその発行により増加した資本金の額を減算した金額」が、資本金等の額を増加させることになるため、債務超過会社の場合、額面額と債権の時価評価（※）との差額が債務消滅益として認識されます。

そのことから、債務超過の会社に対する貸付金をDESする場合には、債務消滅益の課税の有無について慎重に確認しておかなければなりません。

<債務超過の会社に対する代表者貸付金1億円（時価0円）を現物出資した場合>

代表者借入金　1億円　／　資本金等　　　0円（時価）
　　　　　　　　　　　／　債務消滅益　1億円（1億円－債権の時価）

（※）債権の時価評価は、売買実例があるもの又は類似法人の株価を参酌して評価を行うことができるものに該当しない場合には、直近の事業年度終了の時における1株当たりの純資産価額等を参酌した価額により評価することになります。

この純資産価額等を参酌した価額は、具体的には法人税基本通達9－1－14に基づき、財産評価基本通達の規定を準用して評価することとなります。

これは、課税上の弊害がない限り、以下の3条件を満たせば「1株当たりの純資産価額を参酌して通常取引される価額」として、財産評価基本通達を準用した評価も認められます。

① 株主が「中心的な同族株主」に該当する場合には、発行会社は常に小会社として評価する（「純資産価額」と「純資産価額×0.5＋類似業種比準価額×0.5」のいずれか選択した価額）。

② 純資産価額の計算に当たり、発行法人が土地等、上場有価証券等を所有している場合には、土地等・上場有価証券等は相続税評価額ではなく譲渡時の時価で評価する。

③ 評価差額に対する法人税額等相当額を控除しない。

（２） 擬似DES

金銭出資によるDESは、債権者が「現金」を払い込んで債務者から株式発行を受け、この払い込んだ現金をもって債務を弁済する方法です。

金銭出資によるDESは、正確には借入れと株式との交換を直接行ってはいません。そのため、金銭出資によるDESを「擬似DES」と呼ぶこともあります。

資本金等の増減について定めた法人税法施行令８条１項１号によれば、「株式の発行をした場合に振り込まれた金銭の額」が増加する資本金等の額と規定しています。

よって、疑似DESでは、金銭を払い込んでいるので、貸方の資本金等の額も借方の現金の金額と同額となり、債務消滅益が生じることはないと考えられます。

＜現金１億円を出資し、その後１億円の債権を回収した場合＞

現金	１億円	／	資本金等	１億円
代表者借入金	１億円	／	現金	１億円

しかし、この方式を利用する目的が、それらの取引が一体として行われていると認定される場合には、DESを利用したときとの課税の公平の観点からあえて積極的に否認される可能性も考えられます。

【法人税法施行令】
（資本金等の額）
第８条　法第２条第16号（定義）に規定する政令で定める金額は、同号に規定する法人の資本金の額又は出資金の額と、当該事業年度前の各事業年度（当該法人の当該事業年度前の各事業年度のうちに連結事業年度に該当する事業年度がある場合には、各連結事業年度の連結所得に対する法人税を課される最終の連結事業年度（以下この項において「最終連結事業年度」という。）後の各事業年度に限る。以下この項において「過去事業年度」という。）の第１号から第12号までに掲げる金額の合計額から当該法人の過去事業年度の第13号から第22号までに掲げる金額の合計額を減算した金額（当該法人の当該事業年度前の各事業年度のうちに連結事業年度に該当する事業年度がある場合には、最終連結事業年度終了の時における連結個別資本金等の額（当該終了の時における資本金の額又は出資金の額を除く。）を加算した金額）に、当該法人の当該事業年度開始の日以後の第１号から第12号までに掲げる金額を加算し、これから当該法人の同日以後の第13号から第22号までに掲げる金額を減算した金額との合計額とする。
一　株式（出資を含む。以下第10号までにおいて同じ。）の発行又は自己の株式の譲渡をした場合（次に掲げる場合を除く。）に払い込まれた金銭の額及び給付を受けた金銭以外の資産の価額その他の対価の額に相当する金額からその発行により増加した資本金の額又は出資金の額（法人の設立による株式の発行にあっては、その設立の時における資本金の額又は出資金の額）を減算した金額（下線は筆者）
イ～ヌ　〔省略〕
一の二～二十二　〔省略〕
２～７　〔省略〕

【法人税法】
（定義）
第２条　一～十五　〔省略〕
十六　資本金等の額　法人（省略）が株主等から出資を受けた金額として政令で定める金額をいう。
十七～四十四　〔省略〕

4　配偶者が相続する　相続後

同族会社への貸付金の回収が困難と思われる場合でも、回収が不可能又は著しく困難であることが立証できないと相続財産として課税されます。

そこで、生前に債権放棄などの対策を実行しないうちに相続が開始し、同族会社への貸付金が相続財産として残されていた場合で、貸付金債権等の回収が不可能又は著しく困難であることが立証できないと思われるときには、配偶者が貸付金債権等を相続し、配偶者の相続開始までの間に、債権放棄や自社株への組換えなどの対策を実行して第二次相続での相続税の軽減につなげる工夫ができます。

【設　例】

1.　被相続人　父（令和6年3月死亡）

2.　相続人　母・長男

3.　父の相続財産と遺産分割　（単位：万円）

	貸付金は母が相続（分割案1）		貸付金は長男が相続（分割案2）	
	母	長男	母	長男
会社貸付金	5,000	−	−	5,000
その他の財産	2,500	7,500	7,500	2,500

（※）会社は債務超過の状態にあり、自社株の相続税評価額は0円だが、貸付債権の額は額面で評価されるものとする。なお、会社には、繰越欠損金が7,000万円あると仮定。

4.　母の相続（令和6年12月死亡）

母固有の財産（父からの相続財産を除く。）　4,000万円

5．相続税の計算

（単位：万円）

	分割案１			分割案２		
	父の相続		母の相続	父の相続		母の相続
	母	長男	長男	母	長男	長男
会社貸付金	5,000	－	（※）－	－	5,000	－
その他の財産	2,500	7,500	2,500	7,500	2,500	7,500
母固有の財産	－	－	4,000	－	－	4,000
課税価格	7,500	7,500	6,500	7,500	7,500	11,500
相続税の総額	1,840		385	1,840		1,670
各人の算出税額	920	920	385	920	920	1,670
配偶者の税額軽減	△920	－	－	△920	－	－
納付税額	0	920	385	0	920	1,670
通算相続税額	1,305			2,590		

（※）母は、相続した会社貸付金は、令和４年８月に債権放棄を行ったが、その場合でも、自社株の相続税評価額は０円のままと仮定。

この設例の場合、父の相続では、相続税の納付税額は同額ですが、母の相続では、分割案１において、母が会社貸付金について生前の債権放棄をしていることから、母の相続財産に含まれません。そのため、分割案２と比べて、相続税が1,285万円軽減されます。

4　債務の承継

対策メニュー	
相続後	相続税の純資産価額が赤字にならないよう債務を承継する ⇒ 1

Point

相続財産から控除することができる債務は、被相続人が死亡したときに現に存在した被相続人の債務（借入金や未払金など）で確実と認められるものです（相税14）。

債務などを差し引くことのできる人は、次の①又は②に掲げる者で、その債務などを負担することになる相続人や包括受遺者（相続時精算課税の適用を受ける贈与により財産をもらった人を含みます。）です。

① 相続や遺贈で財産を取得した時に日本国内に住所がある人（一時居住者で、かつ、被相続人が一時居住被相続人又は非居住被相続人である場合を除きます。）

② 相続や遺贈で財産を取得した時に日本国内に住所がない人で、日本国籍を有しており、かつ、相続開始前10年以内に日本国内に住所を有していたことがある人など一定の人

解　説

相続又は遺贈によって取得した財産に係る相続税の課税価格に算入すべき価額は、財産の価額から、被相続人の債務等の金額のうち、その財産を取得した者の負担に属する部分の金額を控除した金額によることとされています（相税13①）。

その場合、特定の相続人が相続財産の価額を超えて債務を負担することとなっても、他の共同相続人や包括受遺者の相続税の課税価格を計算するに当たってその債務超過分を控除することはできません。また、債務控除は、相続又は遺贈により取得した財産の価額から控除することとしているため、生前贈与加算の規定により相続財産に加算される財産の価額を加算する前の課税価格から行う（相税13①）こととされています。

そのため、被相続人の正味財産が相続税の基礎控除額以下であっても、遺産分割によっては相続税が課されることもあります。

対策メニュー

1　相続税の純資産価額が赤字にならないよう債務を承継する　相続後

相続税の課税価格は、各相続人が相続又は遺贈により取得した財産の価額に、相続時精算課税適用財産の金額を加算し、その合計額から債務及び葬式費用の金額を控除して純資産価額を算出します。この場合に、その純資産価額が赤字の場合には、「0」とされます。そして、暦年贈与による生前贈与加算を行うこととされています。

そのため、多くの債務を承継した相続人の純資産価額が赤字になって「0」と判定されることで、相続財産の総額から債務控除した後の課税価格が相続税の基礎控除額以下であっても、各相続人の課税価格を合計すると相続税の基礎控除額を上回り、相続税が課されることがあります。

そのことを、以下の設例で検証します。

【設　例】

1.　被相続人　父（令和6年3月死亡）
2.　相続人　長男・長女
3.　相続財産
　①　賃貸不動産　　8,000万円
　②　その他の財産　5,000万円
　③　借入金（賃貸不動産に係るもの）　△9,000万円
4.　遺産分割
　以下のいずれかの分割を行う。
　①　全ての財産を法定相続分どおり相続する。
　②　長男が賃貸不動産と借入金を、長女がその他の財産を相続する。

③ 上記②に加えて、長女から長男へ代償金1,000万円を支払う。

5. 生前贈与

長男は令和５年に、父から110万円の贈与を受けていた。

6. 相続税の計算 （単位：万円）

	4.の①による分割		4.の②による分割		4.の③による分割	
	長男	長女	長男	長女	長男	長女
賃貸不動産	4,000	4,000	8,000	―	8,000	―
その他の財産	2,500	2,500	―	5,000	―	5,000
代償金	―	―	―	―	1,000	△1,000
借入金	△4,500	△4,500	△9,000	―	△9,000	―
純資産価額	2,000	2,000	（注）0	5,000	0	4,000
生前贈与加算	110	―	110	―	110	―
課税価格	2,110	2,000	110	5,000	110	4,000
基礎控除額	4,200		4,200		4,200	
課税遺産総額	0		910		0	
相続税の総額	0		91		0	
各人の算出税額	0	0	2	89	0	0

（注）純資産価額が赤字のときは、「０」とされる。

以上の設例では、4.の②による分割の場合には、長男の純資産価額が赤字となっているため、赤字の部分は切り捨てられます（相続税申告書等様式第１表④欄・記載要領）。そのため、課税価格の合計額は5,110万円になり相続税の基礎控除額を上回り相続税が課されることになります。

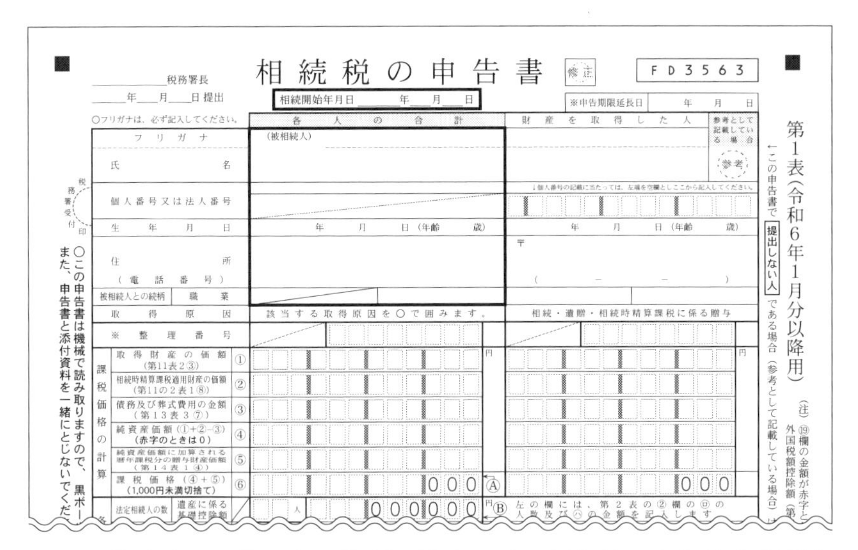
相続税の申告書　修正　FD3563

＿＿＿＿税務署長
＿＿年＿＿月＿＿日提出

相続開始年月日＿＿年＿＿月＿＿日

※申告期限延長日　年　月　日

○フリガナは、必ず記入してください。

	各人の合計	財産を取得した人	参考として記載している場合
フリガナ	（被相続人）		
氏名			参考
個人番号又は法人番号		↓個人番号の記載に当たっては、左端を空欄としここから記入してください。	
生年月日	年　月　日（年齢　歳）	年　月　日（年齢　歳）	
住所（電話番号）		〒（　－　－　）	
被相続人との続柄　職業			
取得原因	該当する取得原因を○で囲みます。	相続・遺贈・相続時精算課税に係る贈与	
※整理番号			
課税価格の計算　取得財産の価額（第11表2③）①	円	円	
相続時精算課税適用財産の価額（第11の2表1⑧）②			
債務及び葬式費用の金額（第13表3⑦）③			
純資産価額（①＋②－③）（赤字のときは0）④			
純資産価額に加算される暦年課税分の贈与財産価額（第14表1④）⑤			
課税価格（④＋⑤）（1,000円未満切捨て）⑥	000 Ⓐ	000	
法定相続人の数　遺産に係る基礎控除額	人　000000 円Ⓑ	左の欄には、第2表の②欄の㋺の人数及び㋩の金額を記入します。	

第1表（令和6年1月分以降用）

←この申告書で提出しない人である場合（参考として記載している場合）

（注）⑲欄の金額が赤字となる場合は、⑲欄の左端に△を付してください。なお、この場合で、⑲欄の金額のうちに外国税額控除額（第…

○この申告書は機械で読み取りますので、黒ボールペンで記入してください。
また、申告書と添付資料を一緒にとじないでください。

税務署受付印

4.の①又は4.の③による分割の場合には、切り捨てられる金額がないことから、課税価格の合計額は4,110万円になり相続税の基礎控除額以下の金額であることから、相続税は課されません。

財産別　相続税対策メニュー
—長期・短期・相続後の対策—

令和6年11月5日　初版発行

著　者　山本　和義
発行者　河合誠一郎

発行所　新日本法規出版株式会社

本社総轄本部　(460-8455)　名古屋市中区栄1－23－20
東京本社　(162-8407)　東京都新宿区市谷砂土原町2－6
支社・営業所　札幌・仙台・関東・東京・名古屋・大阪・高松
広島・福岡
ホームページ　https://www.sn-hoki.co.jp/

【お問い合わせ窓口】
新日本法規出版コンタクトセンター
0120-089-339（通話料無料）
●受付時間／9：00〜16：30（土日・祝日を除く）

ISBN978-4-7882-9390-8
5100335　相続税メニュー